中国历代帝王陵

黄濂 编著

大连出版社
DALIAN PUBLISHING HOUSE

图书在版编目(CIP)数据

中国历代帝王陵 / 黄濂编著．—大连：大连出版社，2007.9
ISBN 978-7-80684-453-3

Ⅰ．中…　Ⅱ．黄…　Ⅲ．陵墓—简介—中国—古代
Ⅳ．K928.76

中国版本图书馆 CIP 数据核字(2007)第 037538 号

责任编辑：李　鹏
封面设计：曹　艺
责任校对：王恒田

出版发行者：大连出版社
地址：大连市西岗区长白街 10 号
邮编：116011
电话：(0411)83621171 / 83620941
传真：(0411)83620490
http://www.dl-press.com
e-mail：cbs@dl.gov.cn
印 刷 者：沈阳全成广告印务有限公司
经 销 者：各地新华书店

幅面尺寸：170mm×230mm
印　　张：15.25
字　　数：300 千字

出版时间：2007 年 9 月第 1 版
印刷时间：2007 年 9 月第 1 次印刷
印　　数：1～8000
书　　号：ISBN 978-7-80684-453-3
定　　价：39.80 元

目 录

三 皇

五 帝

夏商周

目录

秦汉

三国

晋南北朝

隋　唐

宋辽金西夏

元明清

〔三皇〕太昊伏羲陵

太昊伏羲，姓风。相传，六千年前生于成纪(今甘肃天水市)，都于宛丘 (今河南淮阳县)。传说他为古代东夷族的著名首领，死后葬于淮阳，共传15世。

伏羲塑像

伏羲受到蜘蛛结网的启发，创造了鱼网，教民从事渔猎；创婚姻制度，将族内婚开始转为族外婚，定嫁娶之礼，以俪皮 (鹿皮) 为礼，促进了氏族的进化和繁衍；创制了乐器——瑟，创作了乐曲《驾辩》；从白龟身上的花纹受到启迪，妙悟阴阳变化的道理，画出了八卦，用八种简单而又寓意深长的符号，概括了天地间的万事万物。《周易》记载，他上观天象，下察地理，中观万物，始作八卦。一画开天分阴阳，推演万物定乾坤。他在黄淮平原上，掀开了华夏文明的历史序幕。伟大、不朽的伏羲文化，是中华民族传统文化的精髓，后人称他是"人类的始祖"。太昊是对他的赞词，意为伏羲功德无量，与日月同辉。他以仁德睦邻，诸夷归服。以龙为图

太昊陵(2001 年 2 月)

腾（即本民族的标志和崇拜物），他把归服的各民族的图腾集于龙的一身。龙是多种动物的综合物，如鹿角、驼头、蛇身、蜃腹、牛耳、雕眼、马鬣、鲤鳞、鹰爪、虎掌、狮尾等。龙的形象代代相传，又代代演变。以龙为图腾，是各民族团结凝聚的象征。龙是能幽能明，能巨能细，能长能短，能翔能潜的神异动物，后人把龙视为神灵和权威，成为中国封建统治者的化身。伏羲以龙命名八个龙官：飞龙、潜龙、居龙、火龙、降龙、土龙、水龙、木龙等，分别治理海内，号曰“龙师”，由此发展，我们中华民族始称自己为龙的传人。

太昊陵显仁殿（2001 年 2 月）

为了纪念伏羲，很早以前就多处建庙筑陵。最有名的庙是

太昊陵先天门（1994 年 10 月）

羲皇故里甘肃天水市伏羲庙，而陵墓规模宏大当属淮阳太昊陵。春秋时期的孔子，三国的曹植，明太祖朱元璋都曾亲临淮阳太昊陵致祭。由于黄河改道夺淮入海，原建筑被洪水吞没。明英宗在原址又重建了陵园，占地540亩。结构与明代皇宫相仿，分内外二城，内城为紫禁城，外城称皇城。午朝门、先天门、

太极殿(2002年10月)

太极门、统天门和伏羲陵都位于从南到北的中轴线上。陵前有一碑云：“太昊伏羲氏之陵”，陵高20米，周长150米，上呈圆形，下有方座，体现“天圆地方”。每年农历二月初二至三月初三，人们纷纷前来祭祀，年复一年，沿袭至今。

伏羲庙

〔三皇〕炎帝陵

炎帝（即神农氏），姓姜，号烈山氏（一说历山氏），父少典氏，母任姒。始教民兴农业，人称神农氏，以火德王，亦以火纪官，故称炎帝。他是四五千年前我国原始社会中姜族部落杰出首领。此部落原居姜水流域（今陕西省宝鸡市），自西方游牧来到中原。曾与九黎族发生冲突，被迫逃到涿鹿。又与黄帝发生冲突，阪泉大战失败，又转而和黄帝部落结成联盟，在涿鹿打败以蚩（chi）尤为酋长的九黎族，从此，在黄河流域扎下了根。炎帝和黄帝所结成的部落联盟，构成了华夏族的主干成分。华夏族后来演变为汉族，所以人们把汉族乃至中华民族的后代称为“炎黄子孙”。

炎帝塑像

炎帝所处的时代，大地上的人渐渐多起来，单靠狩猎和采野果已无法生存。于是炎帝就选择可食用的谷物进行种植，《易经》载：“……神农氏作。斫木为耜，揉木为耒，耒耨之利，以教天下，……日中为市，致天下之民，聚天下之货，交易而退，各得其所……”也就是说

位于陕西省宝鸡市的炎帝陵（1997年9月）

炎帝陵山门

他发明了耒耜(lěisì)，教民耕种，从此，我国有了原始的农业生产，人们生活有了一定的保障；为了医治疾病，他遍尝百草，曾经一天中毒70次，险些丧生，吃尽了千辛万苦，最后终于解决了治病的医药；产品有了剩余，于是出现了交换，炎帝采取“日中为市”，即太阳在天空正中的晌午时，大家到集市交换；炎帝还治麻为布，制作衣裳，削桐为琴，剡(yǎn)木为矢，开创了我国的农耕文化，缔造了中华古国最早的文明，被尊为农业之神、医药之神、太阳之神。

位于湖南省炎陵县的炎帝陵(1994 年 12 月)

他与黄帝共同开启的文明之光，照亮了中华民族辉煌的发展历程，他那不屈不挠的创业精神和追求文明进步的献身精神，激励着千千万万的华夏儿女，为中华民族的崛起，为祖国的繁荣富强而奋斗不息。

炎帝陵九鼎

炎帝晚年为民治病，因尝到有剧毒的断肠草献出了生命，传说在位140年。他的子孙共传8世，历时560年。

炎帝陵，位于湖南省炎陵

县城西15公里的塘田乡炎陵村鹿原坡。西汉时即于此建陵，现存建筑是公元967年宋朝所建，被历代帝王列为圣地，占地约3800平方米。炎帝陵殿分为五进：午门、行礼亭、正殿、墓碑亭、陵寝，陵前有“炎帝神农氏墓”石碑一块。朱红围墙，整体建筑富丽堂皇，苍松翠柏环抱，风光旖旎。并有鹿原洞、洗药池、龙脑石等胜迹。

炎帝事迹碑廊

近年来在炎帝之乡陕西省宝鸡市又建起一座炎帝陵，坐落于常羊山上的古神农城遗址，风光秀丽，建筑精美。陵园由前区、祭祀区、墓冢区组成。每逢农历七月初七（炎帝品尝百草中毒献身的忌日），数万名海内外炎黄子孙云集炎帝陵举行盛大的祭祀活动。

位于陕西省宝鸡市　炎帝祠

〔三皇〕黄帝陵

黄帝塑像

黄帝，姓公孙，因长居姬水而改姬姓，号轩辕氏、有熊氏。有熊部落首领少典氏之子，母名附宝。生于轩辕之丘（今河南省新郑县），死后葬桥山（今陕西省黄陵县）。

“黄帝”和“皇帝”不是一回事儿，“皇帝”是最高封建统治者的称号，在中国始于秦始皇。而“黄帝”是人名，古时候，人们认为“帝”是万物主宰，金、木、水、火、土为万物之本，称作“五德”。有熊氏的人们崇尚土德，土为黄色，故给他起名叫黄帝。他是四五千年前我国原始社会姬姓部落首领。兴起于今陕西北部，东渡黄河，定居河北涿鹿一带，与炎帝立约，在涿鹿联合战败蚩尤。据《史记》等史料记载，黄帝建立的云岩宫殿（在今河南密县东南），是练兵讲武、研创八阵图的地方，所以又称轩辕黄帝宫。清代诗人钱清简诗云：“战败蚩尤犒旅徒，云岩深涧葬兵符。千秋永罢干戈事，蔓草寒烟锁阵图。”

黄帝具有很杰出的才智，《易经·系辞下》载：黄帝“服牛乘马，引重致远，以利天下……重门击柝，以待暴客，……断木为杵，掘地为臼，杵臼之利，万民

黄帝陵(2000年10月)

黄帝陵寝

黄帝陵的石牌坊(1994 年 9 月)

以济”……就是说他领导人们改变了单纯的游猎生活，教大家驯养家畜，建筑房屋，种植五谷，裁缝衣裳，制造棺椁、器皿等。他还重用了一批有才华的人；命仓颉造文字，以代结绳记事；命雍父制臼杵，以供舂米；命大挠作干支（历法），以利农时；命伶伦发明乐器，制定音律；命共鼓、货狄做舟楫，以利河中航行；命挥、牟做弓矢，以提高射猎和攻伐能力。黄帝妻子嫘（léi）祖教人养蚕，织绸制衣，后人尊称她为“先蚕娘娘”。从此，天下大治，人民安乐，开始过上较为文明的生活，社会进入了新石器时代的盛期。后人把黄帝当作我们伟大的中华民族的杰出代表，赞誉他“能成命百物”，尊奉他为我国的“人文初祖”。

位于河南省新密市的风后八阵之一

黄帝有子孙25人，其中14人形成12个姓，尧、舜和夏、商、周的帝族都是他的后裔。

位于河南省新密市的轩辕宫(2003 年 10 月)

黄帝陵在陕西省黄陵县城西北1公里的桥山上，春秋时期已有陵墓。《史记》载：“黄帝崩，葬桥山”。桥山总面积8500余亩，生长柏树8万6千余株，多数树龄在千年以上，是我国最大的柏树群。黄帝陵位于桥山之巅，占地1300亩，陵高3.6米，周长48米。陵前有一石碑，为明嘉靖年间唐锜手书“桥山龙驭”四字。再前为一祭亭，内立郭沫若手书“黄帝陵”碑。陵前南侧有座祈仙台，是汉武帝为祭祀黄帝所筑。山上古柏成林，山下沮水环绕。东南麓有黄帝庙，建于汉代，庙内有正殿、碑廓、诚心亭等建筑物。大殿正中悬挂“人文初祖”的匾额，意为黄帝为中华民族进入文明时代的最初祖先。新建的祭祀大院，整体由花岗岩建造，轩辕殿由36根圆形石柱围成方形空间，屋顶中央有直径14米的圆形“天光”，整个大殿形象地反映出“天圆地方”的理念，充分体现了“黄帝明堂”的风貌。黄帝陵是中华儿女共同景仰的圣地，每年清明节，党和国家领导人、各界代表和海外侨胞、港澳台同胞，在轩辕殿前隆重公祭轩辕黄帝活动，以弘扬中华民族优秀文化与传统道德，激发炎黄子孙的爱国情怀。

轩辕庙

黄帝手植柏(1996 年 8 月)

〔五帝〕少昊陵

少昊陵正门 1995 年 4 月

少昊，姓己名挚，黄帝之子，母女节（黄帝次妃）。少昊生于穷桑（今山东曲阜市东北），号穷桑氏。因以五行之首“金”字标其德政，有“以金德王天下”之说，又号金天氏。少昊因修太昊之法（即继承了太昊的文化），故名少昊。传说在位84年，终年百岁。

少昊为二十四个氏族的部落联盟酋长，他是黄帝族向东发展的一支，建都穷桑而后迁都曲阜。以曲阜为中心，活动于山东半岛，称为“少昊之国”。他们各氏族都非常崇拜鸟，把鸟视为神灵。少昊国以凤鸟为图腾，他吸收各氏族鸟类图腾最光彩部分集于凤的一身，如锦鸡首、仙鹤腿、孔雀羽、太阳鸟的尾等等。五色斑斓，自歌自舞。集百鸟之大成，具有民族凝聚力。凤凰，是中国特有的传说中的动物，它不存在于生物界，但它来源于生物界。传说凤凰是祥瑞之物，见则天下安宁。他以鸟命官（即：根据各种鸟的特征和本能，用其鸟名代替原来的官职名）。

少昊陵（1995 年 4 月）

少昊陵前的古树

如：凤凰为百鸟之王，最大的官叫凤鸟氏；雎鸠相貌端庄威武，性猛而善走，便叫玄鸟氏，作为掌握兵权的官；爽鸠丑陋难看，面情冷酷，定会铁面无私，所以主管法律的叫爽鸠氏；鸤鸠善在树上做窝，故管建筑的叫鸤鸠氏；鹘鸠的个子不大，却整天忙忙碌碌，不知疲倦，所以管理事务的官叫鹘鸠氏。还有以燕子、伯劳、晏鸟雀、锦鸡命名的官，分别管理一年四季的天时，又设有农正、工正的官职，由九种扈(hù)鸟和五种野鸡命名，分别管理农业和手工业。

少昊治国有方，为政期间出现了“民无淫，天下大治，诸福之物毕至”的局面。少昊死后，他的子孙从山东半岛向江淮流域发展。春秋时的郯(tán)国(今山东郯城)是他的直接后裔。

少昊陵位于山东省曲阜市东4公里的旧县村。面积125亩，有门、坊、殿、房17间，明清石碑20余块，古树400棵。随着后世帝王对少昊的追封与祭典，陵地也几经扩建与重修。1012年，宋真宗大修少昊陵，1111年，宋徽宗又重修，将陵墓四周垒石饰之，俗称“万石山”，少昊陵是一座底大上小呈金字塔式的方形石建筑，与埃及金字塔如出一辙。陵墓边阔28.5米，高12.2米，宝顶方12米，墓顶有石室供奉汉白玉少昊像。

少昊陵石坊

〔五帝〕颛顼陵

颛顼塑像

颛顼 (zhuānxū)，姓姬，号高阳氏。黄帝之孙，昌意之子。生于若水 (今四川省荥经县)，居于高阳 (今河南省杞县)，在位78年，终年98岁。颛顼为人聪明，有智谋，传说为炎黄联盟的重要首领，主要活动区域在黄河中下游。他幼年就去叔父的“少昊之国”学习治国之道，10岁时帮助治理国政。叔父少昊还专门为他制作了琴、瑟，供他学习乐器，果然成了弹琴击瑟的名手。后来他叫人仿照八方的风声，创作出“承云之歌”，常常亲自为黄帝演奏。

颛顼20岁时当了首领。当时巫术、占卜盛行，占卜结果互相矛盾，影响部族统一行动。因此，下令禁绝巫教。但他又善于利用鬼神迷信来管制部族成员，在群众中有很高的威信。颛顼重视人事治理，努力发展农业。他一生视察过许多地方，北边到过河北一带，南边到五岭以南，西边到过甘肃一带，东到东海边。所到之处，广大群众热烈欢迎。

颛顼陵（1994 年 10 月）

传说当时炎帝的后裔水神共工和颛顼为争夺首领的职位，发生战斗，打得异常激烈，从天上打到人间，从东方

颛顼玄宫(1994 年 10 月)

打到西方，一直打到不周山（即昆仑山），不分胜负，难分难解。不周山是根支撑天穹的巨柱，共工见一时不能取胜，怒气勃发，猛地一头向不周山撞去，将巨柱拦腰撞断。天穹失去支撑，向西倾斜，从此，日月星辰都往西运行。东南大地被撞开一个深坑，江河的水都向东流，汇成一片大海。

这个故事说明我们祖先想要解答为什么日月星辰东升西落?为什么江河从西向东奔流?他们没有科学知识来回答这些自然现象，只能以丰富的想象编出像共工撞倒不周山那样有趣的神话传说。

颛顼为防止再有人出来与他争夺职位，他命重任南正之官，掌管祭祀天神，命黎为北正之官，掌管民事。标志着当时已有萌芽的国家。

颛顼陵和帝喾陵相邻，俗称二帝陵，位于河南省内黄县城南30公里的梁庄乡三阳庄村西北，占地约5万平方米。清末，黄河故道风沙南移，陵园渐被沙丘掩埋，1986年清理出来。陵墓坐落在土岗之阳一处仰韶文化遗址上，四周有围墙，称紫荆城。南北长66米，东西宽165米。元时青砖砌成，南墙上嵌有元天历二年(1329年) 石碑一通，上刻“颛顼帝陵”，明嘉靖年间石碑一通，上刻“颛顼陵”。陵南200米是陵庙，前有山门，东西各有厢房三间，最后是大殿。在庙院和大殿内树元、明、清御制石碑165块。其中有元代至元十二年 (1275年) 立的《颛顼圣帝庙记》碑，碑文云：“……颛顼故都，土山之阳，帝陵在焉”。清雍正《河南通志》载：“二帝陵，有庙在山上，距滑县东北七十里，唐大和四年 (830年) 建，宋乾德六年 (968年) 修。”《明史·札记》载：“洪武四年谕中书省，考历代帝王陵寝；礼部定滑州祭颛顼、帝喾二帝陵。”史志记载和出土碑刻相符。

〔五帝〕帝喾陵

帝喾塑像

帝喾 (kù)，姓姬名夋 (jùn)，黄帝曾孙，蟜极子。因最初奠基于辛 (今陕西省合阳附近)，故称高辛氏。传说在位70年，终年105岁。

传说他是炎黄联盟的重要首领。15岁时辅佐颛顼，30岁时成为首领。帝喾为人大公无私，有明察善恶的本领，他在位时能严格要求自己，所以天下人都很信服他。当时有个叫房王的人作乱，帝喾向群臣说道："若是有人能将房王的头取来，愿把公主嫁给他。"群臣见房王势力强大都不敢去冒险。不久，有个头似狗头状的人，将房王的头献上。帝喾想此人虽没有人样，但他杀敌有功，为国家除了大害，应言而有信。经与公主商量，父女想法一致，遂将公主嫁于此人，实践了诺言。因此，受到天下人称颂。他领导的部落由8个氏族组成，活动在河南登封一带。他能掌握日、月、星三辰的变化，反映了当时人们已开始懂得观察时间和节气的方法，以指导农业生产。共工也曾试图与他争夺首领地位，经过激战，帝喾也击败了共工。他有四个妻子，她们分别是姜嫄、简狄、庆节、常仪。姜嫄生弃 (即后稷)，成为周族的祖先；简狄生契，是商族的始祖；庆节生尧，常仪生挚。

帝喾病死，子挚接任部落联盟首领。挚荒淫无度，不修善政，九年后被各部落首领废黜。尧被推荐为部落联盟的首领。

帝喾陵(2000 年 9 月)

帝喾陵与颛顼陵同葬在河南省内黄县梁庄乡三阳庄村西北的土岗上，俗称二帝陵。帝喾陵寝湮没于黄沙灌木之中，正在清理。有元朝天历年间立的"帝喾陵"石碑一块。附近还发现埋藏有甬道、围墙和墓葬等，有待于进一步清理和修整。

［五帝］尧陵

尧

尧，姓伊耆（qí），名放勋，号陶唐氏，史称唐尧。黄帝玄孙，帝喾子。传说在位98年，终年118岁。葬于平阳（今山西省临汾市）。

尧为原始社会后期的部落首领，为帝喾少子，母为陈锋氏之女，名庆节。尧小时就很聪明，13岁受封于陶（今山东省菏泽市南陶丘），15岁又被封于唐（今河北省中部），16岁被推举为部落联盟首领，定都平阳。

尧是被人们视为典范的仁君，勤俭、朴素，办事公正，体恤人民，吃粗米饭，喝野菜汤，穿麻布衣，住茅草房。他富有而不骄横，尊贵而不傲慢。他经常到民间视察，发现人民的疾苦，从不责难下级，而是因自己没管理好，常感到惭愧。尧为了将天下治理好，惩治了一批奸人，重用了一批贤臣。如让熟知农事的后稷作农师，倕（chuí）作工师，让铁面无私的皋陶（yáo）作法官，夔作乐官，舜作司徒掌管教育，契作司马掌管军队，命羲和掌管天文，制定历法，派羲仲、羲叔、和仲、和叔分别考查东、南、西、北四方的日、月、星、辰变化情况，以确定春、夏、

尧陵（1994 年 9 月）

秋、冬四季。规定以三百六十六日为一周期，剩下的天数，用闰月的办法解决，使农牧业、渔猎业都能根据季节安排生产。

经过尧几十年的治理，九族和睦，四夷咸服，天下太平，百姓安居乐业。尧到晚年，深感力不从心，想找个人接替。有人推荐让他的儿子丹朱继位，尧不同意，他说：“丹朱游手好闲，不务正业，若传位给他，得利的是一人，受害的是百姓。”后来经过四岳（四方部落首领）的推荐和尧的多次考核，确定舜为继承人，这种选择部落首领的方式，历史上称为“禅让”。

尧陵碑

尧帝陵在山西省临汾市城东35公里的郭行乡的郭里神林。墓高50米，周边330米。背依黄土高原，前有涝水经流。祠宇恢宏，松柏苍翠。唐太宗李世民曾参谒尧陵，修建祠宇，并把自己的像也塑在里面，以后元、明、清各朝都不断重修过。有明万历十二年立“古帝尧陵”古碑一块。祠内建筑有山门、牌坊、献殿、垛殿、寝殿、碑亭、厢房等，布局严谨。红墙绿瓦，木雕精细，是一处比较完整的古建筑群。祠内有碑刻10余通，记载了有关唐尧的功绩。一块明嘉靖碑上刻有尧陵全图，是珍贵的建筑史料。

尧庙（1994 年 9 月）

尧庙在临汾市西南6公里的尧庙乡，建筑宏伟，内有尧帝塑像，人们常来此祭祀。

[五帝] 舜陵

舜，姓姚，名重华，生于诸冯（今山东省诸城县），居于虞（今河南省虞城县），史称虞舜。黄帝九世孙，著名的仁君。传说在位50年，终年100岁。葬于九疑山下。

舜帝陵(2000 年 3 月)

舜是农民的儿子，父亲瞽叟是个头脑糊涂，遇事不讲道理的人。舜在幼年时，母亲病故，父亲又娶了个继母，生下弟弟像、妹妹敤（kē）手。父亲宠爱后妻和她的儿女，不喜欢舜。继母心地狭窄，弟弟像好吃懒做而又粗野凶横，舜经常受虐待。舜成年后，独自在历山（今山西省芮城）下搭茅屋，开荒种地，打鱼，制陶器。那里的农民常为了争夺土地、渔民争夺渔场，闹得不可开交。舜以勤劳、友爱的精神感化他们，以争和让的利害来说服他们。不久，这里风俗大变，农民开始让田，渔民争让渔场。由于舜待人和蔼，乐于助人，人们纷纷和他结邻，这里很快形成一个村落，大家推选舜当这个部落的首领。舜的仁慈、贤达的名声也很快传了出去。

舜帝陵外景(2000 年 3 月)

尧在晚年，觉得自己年老力衰，咨询四岳，推荐继承人，大家一致推荐舜。于是

尧想亲自对舜进行一次考核。一天，尧来到历山下，见有个年轻人在犁地，犁前套着一黄一黑两头牛，犁把儿上拴着一个柳条编栲栳 (kāolāo)。年轻人隔一会吆喝一声牛，并抽打一下栲栳。尧正疑惑时，又见一位白发老人，挑着柴从山上走来，年轻人忙停下犁，接过老人的担子，帮助他送到山下。尧便问老人："这小伙子是你儿子吗?"老人说："不是，他是我们这里的首领，叫舜，我是他的百姓。"尧又问："他是首领怎么还为你挑柴呢?"老人说："他见谁有困难就帮谁，可他却从不让人替他干活，你不见他自己正在犁地吗?"

尧又去问舜："你为什么耕地敲栲栳?"

舜说："人养牛，是为了使唤牛，使唤牛就得爱惜牛。牛耕地已经很累了，再抽打它，实在过意不去。我为了不伤害牛，所以才只打栲栳而不打耕牛。"

尧问："只打栲栳能管事吗?"

舜答："当然管事。因为黄牛听见响声，以为打了黑牛；黑牛听见响声，以为打了黄牛，因此两牛一齐用力。"

尧暗暗称是，又问："要是领人做活，那又应该怎么办呢?"

舜说："人、畜不能并提。人是万物之灵，领人须得领心。只要以心换心，把要做的事理讲通了，众人会自己去做，更用不着打栲栳一类的办法了。"

尧听后非常高兴，暗想，如果此人当了首领，一定更会用人。但他还要对舜进行一番考检，并把女儿娥皇、女英嫁给舜作妻子，还帮他筑粮仓，给了他一群牛羊。舜并没有因此而骄傲，依然勤劳节俭。舜的父母和弟弟见舜有许多财产，起了坏心，三番五次加害于他，在娥皇、女英和敤手的帮助下，都被舜巧妙地躲过了。事后舜也不记仇，一如既往孝敬父母关照弟妹。

尧见舜聪明机智，宽厚仁慈，不

舜帝庙(2000 年 3 月)

计前嫌，仍然孝敬父母，爱护弟妹，认定他一定能爱护人民，治理好国家。尧先让舜任司徒，以后又委派他总领百官职事。舜任职后，勤俭谨慎，政事办得井井有条。尧见舜确实是一个教民有法、治国有方的年轻人，便决定把职位禅让给他。

舜帝陵石刻

舜继位后，曾经巡狩四方，剪除了鲧、共工、欢兜和三苗这四人的危害，使人民得以安宁。选用优秀人才治理天下，命禹治水，契管民事，益掌山泽，皋陶作士。还制定了官吏考核办法。舜到晚年效法尧的做法，咨询四岳，把帝位“禅让”给治水有功的禹。由于他的功绩，在位时期人民安居乐业，天下太平，人们曾以“尧天舜日”来称道贤明之治。

舜在南巡途中病死苍梧（今湖南宁远县)，娥皇、女英接到噩耗，恸哭不止。传说她们的血泪滴在竹子上，凝成斑斑点点的美丽花纹。后来两人双双投湘江而死，人们对两位品行高尚的女子，不忍心说她们死，而说她们变成了水神，因此称娥皇为湘君，女英为湘夫人，后人就称此竹为湘妃竹，即斑竹。

舜帝陵在湖南省宁远县城南30公里的九疑山。因山有九峰皆相似而称作九疑，峰景奇妙。舜帝陵就在九疑山麓，陵前有庙，建于明洪武四年（1371年)。明、清时期屡加修葺，现存建筑大多为清代所建，庙后有碑亭一座，亭内竖有隶书“帝舜有虞氏之陵”的古碑一通。舜帝陵现正在重新修整和扩建之中。

舜帝二妃墓，在湖南省岳阳市山清水秀的君山公园内。

[夏] 大禹陵

大禹

禹，姓姒，名文命，也称大禹、夏禹。夏朝的奠基者，黄帝玄孙，鲧之子，受舜的禅让而继位。在位8年，病死，终年100岁。

舜时，禹主管治水，当时人们对河水的源流、走向和地理形势不清楚。禹聪明勤劳，他吸取父亲“堵塞”治水失败的教训，经过勘察山川地势，采用了疏导的办法，先导大河之水入于湖海，再导沟壑之水入于大河，历时13年，足迹遍及九州，终于制服了洪水。在山西省河津县西北有座大山，挡住了黄河水的去路，河水常常溢出河床，造成水灾。禹到了那里，观察好地形，带领人们将山凿开一大口子，河水畅通无阻，根除了水患。人们为纪念禹的功劳，称此山为龙门山，把这个缺口叫做禹门口。在这13年中，他三过家门而不入。第一次经过家门口，他听见妻子因分娩而在呻吟，不久又听见婴儿的哭声，

大禹陵（1997 年 10 月）

大禹庙(1997 年 10 月)

助手劝他回去看看，他怕耽误治水，没有进去。第二次经过家门时，妻子及怀中的儿子向他招手，他满怀深情地向妻儿挥挥手打个招呼，就走过去了。第三次经过家门时，儿子跑来拉他回家，他说水未治平，没空回家，又走了。禹以治水功，成为黄河中下游的夏部族首领。他发展农业生产，划分九州，铸九鼎，造兵器，打败强敌，并与周围部族联盟，建立中国第一个王朝，史称夏。禹到晚年，巡游南方，在茅山(今浙江省绍兴市) 大会诸侯，计功封赏，并将茅山更名为“会稽”。会后不久病逝，葬于会稽山。

大禹陵位于浙江省绍兴市东南8公里的禹陵乡禹陵村，在会稽山麓，坐东朝西。背负会稽山，前临禹池，面对亭山。陵前有碑亭一座，内立巨碑，上刻“大禹陵”三字，每字1米见方，为明代绍兴知府南大吉所书，字迹端庄秀丽，笔势雄强。亭周松竹交映。在陵的右侧有禹庙，始建于南朝梁初。有午门、祭厅、正殿三进，随山势布局，雄伟壮观。午门前有岣嵝亭，内有岣嵝碑，碑文77字，字体非篆书金文，已被人译成汉字，内容是记述禹治水的历程。庙东有窆石亭，内立圆椎状的窆石一块，高约2米，上有圆孔，传说是禹下葬时所用。整个庙的建筑精美，庄严肃穆。

大禹井

〔夏〕太康陵

太康，夏朝第三代王。禹之孙，启长子。

禹死后，启赶跑了禹选定的继承人伯益，自立为王。启生活腐败，在位9年病死。太康即位后，更加追求奢侈淫乐的生活，不理政事。有一次，他带着亲属出去游猎，百日不归。东夷族有穷氏部落首领、射箭能手后羿乘机夺取了夏朝的都城安邑，不让太康回来，另立太康弟仲康为傀儡夏王。仲康在位13年，被后羿软禁，忧闷成病而死。后羿撵走了仲康之子后相而自立。后羿夺权后，恃其武力而不修民事，终日沉湎于酒色游猎，宠用佞人寒浞。寒浞一心想篡权，他买通了后羿学生逢蒙，趁后羿酒醉时将他打死。寒浞又怕后相壮大势力，复兴夏朝，便派其子浇杀死了后相。寒浞篡得王位，使夏朝中断了40年。

太康陵（1994 年 10 月）

太康失去国家，后悔不及，只好在阳夏（今河南省太康县）筑土城居住。27年后，病死于阳夏。

太康陵位于河南省太康县城东南2公里的城关镇王陵村西。墓冢坐北朝南，为圆丘形，高4米，周长84米。陵前原有清乾隆五十一年（1786）所立石碑一通，今已毁。现在陵前碑楼内，嵌一新刻碑，介绍已毁碑的有关情况。1984年文物普查时，发现汉代绳纹板瓦，证明此墓应为汉代所建。

〔夏〕少康陵

少康，又名杜康，夏朝第六代王。禹之玄孙，启的曾孙，后相的遗腹子。

杜康墓（2001 年 4 月）

后相被杀后，其妻后缗逃回娘家有仍氏（今山东金乡境），少康懂事后，立志雪耻，夺回天下。他刻苦学习带兵作战的本领。少康长大后，作了有虞氏（今河南虞城）庖正（管理膳食的官）。有虞君主虞思把二女儿嫁给他，并给他有10里方圆的土地和500名士兵。少康宣扬祖先禹的功德，积极争取夏众与夏民，志在复国。他在斟灌与斟部落的协助下，灭掉了寒浞及其子浇。从而结束了后羿与寒浞40年的统治，恢复了夏王朝的政权。

少康即位后，勤于政事，天下安定，受到各部落的拥戴，夏朝再度兴盛，史称“少康复国”或“少康中兴”。

传说少康发明了酒，成为酿酒鼻祖，杜康酒就是以他的另一个名字“杜康”命名的。少康晚年，封庶子无余于越（今浙江省绍兴市），以祀奉祖先大禹陵，这就是越国的启端。少康在位21年，病死，葬阳夏。

少康陵位于河南省太康县城东南2公里的城关镇王陵村西，距太康陵约300米。原陵高3.5米，周长68米，平面为圆形，已毁。现墓高约0.5米，周长约18米。地面有一倒伏的理石碑，上刻“酿酒鼻祖少康陵”，为太康县县长薛显林题。陵周发现许多汉砖，应为汉代所建。

在陕西省白水县通积村还有一杜康墓，封土呈圆丘形、底径15米，高6米。1981年整修墓冢，增设花墙、墓碑。

〔夏〕后皋陵

后皋，夏朝第十五代王。孔甲之子，夏桀的祖父。

孔甲死，后皋即王位，在位期间，迁都于渑池（今河南省渑池县）。

夏王朝经过较长一段时间的中兴稳定局面，到十四王孔甲时，内部矛盾日趋激化。《史记·夏本纪》载：“帝孔甲立，好方鬼神，事淫乱。”《国语·周语》说：“孔甲乱夏，四世而陨。”所以，从孔甲经后皋与发（十六代王）直到夏桀内乱不止。故汤起兵伐桀时，桀众叛亲离，身死而国亡。历17王。

后皋在位11年，病死。葬于崤山南陵。

后皋陵位于河南省陕县菜园乡北沟村西的山岗上。墓呈圆丘形，残高4.5米，周长约40米。封土上有古树5株。当地群众和《陕县志》均称为夏后皋之墓。《左传·僖公三十二年》载：“崤有二陵焉，其南陵，夏后皋之墓也。”即谓此。1956年、1960年夏鼐、郭沫若曾来此考察，确认为后皋之陵。其内涵待考。

后皋陵（2001 年 4 月）

〔商〕汤王陵

汤王（约公元前17世纪初），子姓，名汤，又称成汤、武汤、武王、天乙。商王朝的建立者，原为商部落领袖。黄帝十七代孙，主癸之子。汤身高九尺，面白发乌，相貌出众，处事很有心计，并具有淳朴宽厚的气质。据说，他在郊外见一农民四面张网，捕捉八方飞鸟，汤便规劝他把网撤掉三面，留下一面，以免把鸟杀绝。农民依言照办。汤网开三面，恩及禽兽的事传开后，人们都称赞他对百姓也一定能宽容仁爱，纷纷拥护他。

汤王

汤重用人才不分贵贱。他妻子有个陪嫁奴隶叫伊尹，给汤做厨师，时间久了，汤发现他不仅厨技高超，而且处事跟一般奴隶不同，汤和他交谈时，伊尹向汤谈了许多治国道理，汤看出他是个了不起的人才，就免除伊尹的奴隶身份，做他的助手，后来任为右相。

汤王陵（2000年9月）

汤采纳伊尹的建议，停止对夏朝的进贡，以试探夏桀的实力。夏桀果然大怒，命九夷族发兵攻打商汤。这说明桀还能调动九夷族的兵力，便赶快请罪，加倍向夏桀

1994 年拍摄的汤王陵

进贡。

一年后，九夷族的一些部落忍受不了桀的残暴统治，纷纷叛离。汤和伊尹见时机成熟，就由汤召集部众誓师伐夏，鸣条（今河南封丘县东）大战，汤军一举攻灭了夏桀，建立商朝，定都于亳。

汤接受夏朝灭亡的经验教训，注意“以宽厚治民”，因此在他统治期间，阶级矛盾较为缓和，政权较为巩固，国力日益强盛。商朝是我国奴隶社会的发展时期，为以后的我国文明奠定了基础。商朝已进入有文字记载的历史时期，主要是甲骨文和金文。其强盛时期的疆域东到大海，西到陕西，北达河北，南至长江，为当时世界上的文明大国。

汤王在位13年，病死，终年100岁，葬于亳。

汤王陵在安徽省亳州市汤王陵公园内。占地面积约120平方米，墓冢是圆丘形，高5米，周长40米。墓前龟碑上刻“商成汤王陵”。再前左右竖清代“重修汤陵碑”各一通。两碑之间有一株古黄槐树。1926年辟为公园，名曰：“汤陵公园”。新中国成立后，多次修建。文化大革命中遭彻底破坏，胜迹荡然无存。1985年始逐步修复，易名为“汤王陵公园”。园内广植花木，松柏长青，亭榭曲径，幽雅宜人。

〔商〕太戊陵

太戊陵（2000 年 9 月）

太戊，甲骨文作大戊，商朝第九代国王。名密，大戊是庙号（按直系先王祭祀）。汤之玄孙，太庚之子，小甲、雍已之弟。

雍已在位时，商朝已衰落，不少小国都拒绝进贡。雍已病死，太戊即王位，居于亳。在位期间，任用伊尹之子伊陟为相，又重用巫咸治理国政。巫咸治王家有成，国政大修。太戊修德补阙，在位时，商朝中兴，各小国又纷纷归服。故后人尊他为中宗。

太戊在位75年，病死，葬于内黄。

太戊（中宗）陵，位于河南省内黄县亳城乡刘次范村。太戊陵在刘次范遗址内。墓呈圆丘形，高约5米，周长约60米。陵前立一木质标牌，上书“商中宗陵”。陵墓后边，建有中宗庙。陵区内尚存宋代以来的各种碑碣十数通。宋碑为商帝中宗庙碑，立于宋初开宝七年（974年），碑文为：“大宋新修商帝中宗庙碑铭并序”，翰林梁周翰撰文。该碑螭首龟趺，高大厚重，通高5.9米，身高3.7米，宽1.6米，厚0.59米，碑文共740字。

太戊庙（2000 年 9 月）

〔商〕殷墟王陵

殷墟宫殿遗址

商族早在灭夏之前，就有了相当长时期的发展。它最初活动于渤海沿岸，后来频繁迁徙。据《尚书序》记载："自契至于成汤八迁"。成汤以后又迁五次，所谓"殷人屡迁，前八后五"。后五迁为仲丁迁于隞（今河南郑州市附近），河亶甲迁于相（今河南内黄县附近），祖乙迁于邢（今河北邢台附近），南庚迁于奄（今山东曲阜市），盘庚迁于殷（今河南安阳市小屯村一带）。此后270多年，商的都城一直在这里，故商又可称为殷或殷商。商族屡迁的原因，或异族的侵扰，或王族内部争位，或水旱之灾，或扩张土地到更肥沃地区。迁徙的范围在今晋、冀、鲁、豫一带。

殷墟王陵遗址

盘庚是个很有才干的君王，迁都后，整顿政治，改良风气，提倡节俭，安定了社会局面，使社会经济、文化发展为鼎盛时期，成为当时世界上的文明大国。

盘庚死后，其弟小

殷墟王陵发掘现场(1930 年)

辛、小乙先后继承王位，使商朝国运又一次衰落。小乙死后其子武丁继位。武丁从小在民间长大，与奴隶一起种田、砍柴，因而较了解“稼穑之艰难”。他即位后，选贤任能，提拔有才能的奴隶傅说 (悦) 执政。傅说用三年时间，把商朝治理得秩序井然，生产发展，境内安定，国力增强，商朝再一次复兴起来。武丁还重用他的王妃妇好。商朝把祭祀和军事，视为国家大事。妇好除了常受武丁之命主持祭祀外，还参与朝中的政治活动，成为中国有文字记载以来的第一位女政治家。她还是中国第一个女将军，多次带兵出征，击土方，伐羌方，讨夷方，征巴方。卜辞有“登妇好三千，登旅万乎伐羌”的记载。意思是说，武丁征发妇好所属3000人和其他士兵10000人，去征伐羌国。妇好率领13000兵马，歼灭了羌军，俘获了大量俘虏。在妇好墓中，出土了两把铜钺，每把重8.9公斤，上边刻有“妇好”的铭文。铜钺象征着商王朝极高的王权与军权，可见妇好在军事方面至高无上的权威。妇好一生，功业显赫，为商王朝的中兴做出了重要贡献。

武丁在位期间，向四方连年用兵，征服了周围的许多小方国，为商王朝形成“邦畿千里，维民所止，肇域彼四海”的广大疆域奠定了基础。

武丁在位59年。死后，由其后裔祖

武丁

庚、祖甲、廪辛、庚丁、武乙、文丁、帝乙、帝辛（纣）相继继承王位。从盘庚至帝辛共12王。除帝辛外，其余11王均葬于殷墟。

殷墟是殷都及殷王陵遗址，位于河南省安阳市西北2.5公里小屯村附近的洹水两岸。殷商灭亡后，殷都这座繁华的城市，渐成废墟，堙没地下，后人称为殷墟。面积24平方公里。先后发掘了宫殿遗址、殷王陵、贵族墓葬、平民墓区、杀殉祭祀坑和铸铜、制骨作坊遗址等。出土了大批青铜器、玉器、骨器、陶器、石器和甲骨刻辞等。甲骨学现已成为一门独特的国际学科。宫殿遗址在洹河南，王陵区在洹河北的侯家庄、武官村一带。共发掘陵墓11座，陵墓的墓主人是谁，目前还无法确定。其中最大的是侯家庄1001号墓，墓室是“亚”字形，四个斜坡墓道，墓室底部四角有四个殉葬坑，每坑埋一人、一犬、一戈，椁顶殉人11具，墓道中发现无头人骨61具，人头骨73个，该墓虽被盗过，仍出土有铜器、陶器和石器等多件。武官村大墓为“中”字形，墓内殉人头骨34个，人骨架45具，禽兽骨架45具。该墓曾被盗过，出土有虎纹石磬等。武官村出土的“司母戊”铜方鼎，高1.3米，长1.1米，宽0.8米，重875公斤，四周饰夔纹和饕餮纹，为青铜器中最大者，世界仅见。现藏中国历史博物馆。

殷墟王陵墓葬展厅

妇好墓在小屯村北，出土文物1928件，贝6820枚，青铜器上多有“妇好”铭文。

〔商〕纣王墓

比干摘心台入口处(1994 年 10 月)

纣王，即帝辛，名受。商朝末代国王，著名暴君。帝乙子。帝乙死后继位。

纣王即位后，重用谀臣费仲和恶来。好酒淫乐，使师涓作靡靡之音。对内重刑厚敛，广建离宫别馆，对外黩武好战，征伐夷方、盂方、林方。伐有苏氏，得妲己而宠爱，唯其言是从。为取悦妲己，建筑酒池肉林。更任意将路人砍头、剁脚，甚至剖腹取胎儿，残忍至极。纣王暴虐，引起民怨沸腾，诸侯多叛。于是他施以重刑，设炮烙之法。九侯、鄂侯进谏被杀；囚周文王于里（今河南汤阴县北），文王之臣献美女奇物，文王始得释放；其庶兄

纣王墓(2003 年 10 月)

比干摘心台(1994 年 10 月)

微子多次强谏，终不得悟，微子愤而出走；其叔比干以死力谏，被剖腹挖心；另一叔父箕子惧而佯狂为奴，又被囚禁。纣王拒谏饰非，使他陷于众叛亲离的境地。周武王联合诸侯伐纣时，纣王仓促调集由奴隶和战俘组成的军队迎敌。牧野（今河南淇县南）大战，商兵倒戈，周军获胜。纣王逃回朝歌自焚，商朝亡。历30王。

纣王墓位于河南省淇县城东8公里的西岗乡河口村东北淇河西岸。占地面积约800平方米。墓为长方形土丘，长50米，宽15米，高12米。墓前筑5阶平台，台上立碑，碑文为周谷城手书：“纣王之墓”。相传，纣王葬于淇河内，在河床凿穴而葬，封闭穴口，河水照流。后因河水改道东移，纣墓变为堤岸。明《淇县志》亦有记载。现立有保护碑，内涵不详。

倒伏的纣王墓碑(2003 年 10 月)

〔西周〕文王、武王陵

周文王陵（1994 年 9 月）

周文王，姓姬名昌。黄帝十八代孙，周太王古公亶父之孙，季历之子。商朝末年为周族首领，商纣王时封为西伯侯，西周的奠定者。

传说古公亶父见三子季历和孙子昌贤德，想传位给他们，其长子太伯为让位，偕其二弟仲雍南奔荆蛮（今江苏省无锡县）建吴国，成为吴国的始祖。古公亶父死，季历继位，后又传位于文王。

文王少年时参加农牧劳动，能关心民间疾苦。任首领后，实行仁政，敬老慈少，礼贤下士，宽厚待人，积极发展生产，实行“罪人不孥（nú）”和裕民政策。多方咨询，广求贤才，很得民心，许多有才能的人都投奔于他。如伯夷、叔齐、大颠、闳夭、散宜生、鬻熊、辛甲等人，皆先后投奔文王部下称臣，

周武王陵（1999 年 10 月）

周国势日强。文王和九侯、鄂侯一起任商朝三公。商纣王杀九侯、鄂侯，文王不满。纣王见他的势力强大，就以此借口将他囚禁在羑 (yǒu) 里 (今河南汤阴县)。这期间，他潜心研究八卦，演化成六十四爻 (yáo)，穷探天下之理，写成中国第一部经书《周易》。又发明了七弦琴，创作了一首名为《拘幽操》的琴曲。他的臣下闳夭等人用美女、珍宝进献纣王，使他获释。

周武王陵墓碑

文王见纣王昏庸残暴，丧失民心，就决心雪耻，讨伐商朝。但他缺少一个统筹全面文武兼备的人，便着意寻访。

有一天，他在渭水岸边，看见一个老人在钓鱼。老人的鱼钩是直的，没有鱼饵，鱼钩离水面有三尺，嘴里不断地叨念："愿者上钩! 愿者上钩!"他很纳闷，在与老人攀谈时，方知老人叫姜子牙，又称姜尚，后人称姜太公。他明天文、知地理，通晓天下形势，是位难得的文武全才。文王非常高兴，就请他乘车一起回都，任为国相。

周武王

姜子牙协助文王发展生产，训练兵马，使周族势力更加强大，然后，征伐犬戎、密须、黎、邘，最后攻灭崇国 (今陕西长安县西北)，在崇建都，都名丰邑。文王晚年，已控制了三分之二的国土，为灭商奠定了基础。此时，文王得了重病，他把儿子姬发叫来，嘱咐他三句话："看见好事，赶紧去做；看见坏事，赶紧避开；时机来了，赶紧抓住。"不久病逝，在位50年，终年97岁，葬于毕。

文王终身没有称王，其子武王伐商后，始追尊他为文王。

周文王演易城

文王病故，其次子姬发继承王位，就是周武王。武王继承文王事业，即位第二年，观兵于盟津（今河南孟县），有八百诸侯不期而会，要求伐纣，但武王认为时机尚未成熟，还师归周。大约公元前1057年，武王见时机成熟，联合各国兵力，誓师于商郊牧野。命姜太公为帅，统领战车300辆，虎贲（勇士）3000人，士兵45000人，甲子日一战，大败商军，继而灭商建立周朝，定都镐（hào）京（今陕西长安西北）。武王一生严谨稳重，具有卓越的政治、军事才能。他夺取全国政权之后在位7年，因病而逝，终年93岁，葬于毕。

周陵在陕西省咸阳市周陵乡周陵村南。现存封土两座，南北相距约150米。两陵前分别有清乾隆年间陕西巡抚毕沅手书“周文王陵”、“周武王陵”的石碑各一通。近年来，一些学者认为周陵是假的，这是毕沅误立的陵碑。经考证，“周文王陵”应为秦惠文王“公陵”；“周武王陵”应为秦悼武王“永陵”。二陵自宋以来，即被误指为周陵，并于其南建有祠堂，经明、清增建、修葺，颇具规模。祠占地面积约1800平方米，坐北朝南。中轴线自南至北依次为文王坊、戏楼、献殿、过殿、后殿，两侧有东西厢房，内嵌明清以来御制祝文碑碣32通，碑文有汉、回文两种。

《史记》载，文王、武王葬于毕，是指陕西长安县与咸阳之间渭水南北岸地区，境域较广。又加周陵不封不树，至今尚未发现文王、武王真正的陵墓。

演易台（1999年10月）

〔西周〕厉王姬胡墓

厉王（？—前828），姓姬名胡。西周第十代王。夷王子，幽王祖父。夷王死后继位。

周穆王死后，依次即位的是共王、懿王、孝王、夷王。经过昭穆时代，周朝实力削弱，中期四王仅能守成。

厉王在位期间，社会矛盾激化，终于达到爆发的境地。西北戎狄，特别是狁，不时入侵；东南淮夷不堪承受沉重压榨，奋起反抗。厉王命虢仲征伐，结果失败。厉王贪财好利，他任用荣夷公实行“专利”，与民争夺山林川泽的资源，断了平民生路，引起国人不满，纷纷谴责。为压制国人的不满，厉王命卫国的巫人监视，有“谤王”者即加杀戮，结果人人自危。大臣召公劝谏厉王说：“堵住人民的嘴，就像堵住一条河。河一旦决口，要造成灭顶之灾；人民的嘴被堵住了，带来的危害远甚于河水”。厉王不听，仍然实行暴政。

公元前841年，国人大规模暴动，武装袭击厉王,厉王被迫逃奔到彘（今山西霍州市）。厉王太子姬靖躲藏在召公家里，也被国人包围。召公把自己儿子冒充太子交给国人，使太子脱险。暴动的平民，在召公、周公的劝说下散去。根据贵族们的推举，朝中由召公、周公两大臣临时代理政事，号称“共和”（一说由诸侯共伯和摄行政事）。共和十四年（前828年），厉王死于彘。在位37年，葬于河南孟津县。

周厉王墓(1998 年 9 月)

厉王墓位于河南省孟津县平乐乡朱仓村东0.5公里处。墓为圆丘形，上边有两层内收的平台。高8米，周长120米。相传为周厉王墓。内涵不详。

〔西周〕幽王姬宫涅墓

幽王（？——前771），姓姬名宫涅。西周末代君王。宣王子，宣王死后继位。

厉王死后第二年，太子姬靖即位，是为宣王。宣王励精图治，朝政有明显起色，号称中兴。宣王晚年，伐戎惨败，周王朝重新出现衰象。

幽王即位后，任用善谀好利的虢石父执政，加重剥削时，又逢地震、旱灾，民不聊生，国力衰竭。攻六济之戎，大败，国土日缩。他不思治理，沉醉于酒色，宠褒姒千金买笑，点烽火戏弄诸侯，致使诸侯怀怨，不肯为王室出力。引致西周灭亡的导火线是幽王废掉申后及太子宜臼，改以嬖宠美人褒姒为后，其子伯服为太子。宜臼逃到外祖父的申国，申侯联合缯国和西方的犬戎进攻幽王。幽王命点烽火，诸侯们因上次被愚弄，这次都不来救驾。幽王逃到骊山，被敌兵所杀。在位11年，葬临潼。西周灭亡。历12王，共300余年。

幽王墓位于陕西省临潼区代王镇宋家村。墓呈圆丘形，南侧因挖土削成直壁。底径28米，残高6米。墓前立“周幽王墓”石碑一通。碑高1米，宽0.6米，厚0.08米。

周幽王陵（1994年9月）

〔东周〕桓王姬林陵

桓王（？—前697），名姬林。东周第二代王。平王孙，姬泄父之子。平王死后继位。

桓王即位后，郑庄公以卿士身份专权，桓王为摆脱他的控制，把他撵回郑国。郑庄公以周王卿士之名，假借王命，出兵讨伐宋国不朝王之罪。桓王大怒，任用公忌父为卿士，免去郑庄公卿士的头衔。郑庄公并没把桓王放在眼里，一连五年不去都城朝见。公元前707年，桓王率军与陈、蔡、卫三国之军攻郑，郑庄公起兵迎战，双方战于葛（今河南省长葛县），周军大败，桓王左肩中箭负伤。这次战役，使桓王威风扫地，打掉了周天子“受命于天”、“辅有四方”的牌子。从此，各诸侯国越来越不把周天子放在眼里。公元前704年，楚国向周桓王提出晋爵的要求，桓王不允，楚君熊通自行提高等级，称为楚武王。楚君称王，自此开始。桓王对此，又气又恨，但又无可奈何。

公元前697年，桓王病重逝。在位23年，葬于渑池县。

周桓王陵（2001年4月）

桓王陵位于河南省渑池县南村乡南村西南的桓王山上。墓在山巅，呈圆丘形，黄土封筑，上植刺槐，几乎与山合为一体。高约10米，周长约200米。墓周有被“洛阳铲”探测的洞穴多处。据《渑池县志》载，此墓为周桓王姬林陵。此山也以陵得名。其内涵待考。

〔东周〕庄王姬佗陵

庄王（? —前682），名姬佗。东周第三代王，桓王长子。桓王死后继位。

庄王即位的第三年（公元前694年），周公黑肩按照桓王的嘱托，策划要杀掉姬佗，立姬克为君王。大臣辛伯劝阻说：“废嫡立庶，这是内乱的根源！”但周公黑肩不听。于是，辛伯将这一阴谋报告了庄王，庄王立即捕杀了周公黑肩。姬克见事情败露，出逃燕国。

庄王为了笼络齐国，通过鲁桓公作媒，把自己的亲生女嫁给齐国国君。

公元前682年，庄王病死。在位15年，葬于洛阳。

周庄王陵位于河南省洛阳市邙山乡庄王村北的庄王山上。墓呈圆丘形，高7米，周长112米。清乾隆十年（1745年）洛阳知县龚松林考订为“周庄王陵”。建国前被盗过，群众传说墓室结构为小砖“穹窿”顶式。

周庄王陵（1998 年 9 月）

〔东周〕灵王姬泄心陵

周灵王（?—前545），名姬泄心。东周第十一代王。简王之子，简王病死后他继位。

灵王在位期间，晋、楚两国为了争霸互相攻战百余年，均已精疲力尽，也给中原各国人民带来莫大的灾难。公元前546年，宋国大夫向戎奔走于晋、楚之间，请求弭兵，七月，在宋都蒙门外举行了晋、楚、鲁、卫、陈、郑、曹、许、蔡等十国参加的弭兵大会。会议约定，各国间停止战争，奉晋、楚两国为共同霸主，平分霸权。原来分属晋和楚的属国，现在变成晋、楚双方共同的归附国，对两国尽同样义务。这次大会，史称："弭兵会盟"。此后，由于晋国忙于内事，楚国受到吴国牵制，所以结盟后，与会国停止战争10多年，其中晋、楚40多年没有再发生战争。

灵王长子姬晋，天性聪明，喜欢吹笙，能吹奏如同凤鸣的乐曲，令人陶醉。灵王对他十分钟爱，立为太子。不料，太子17岁突然病故。灵王因思念太子，悲伤过度而患病。公元前545年十一月，灵王病逝。在位27年，葬于洛阳。

周灵王陵位于河南省洛阳市西南6公里的孙旗屯乡土桥沟村周山上。因山为陵，高耸孤冢。封土周长420米，高50米。《水经注·洛水条》云："洛水故漫经周山，山上有周灵王冢"。现陵前有清洛阳知县龚松林立石碑一通，上书"周灵王陵"。

周灵王陵（1995 年 10 月）

〔东周〕景王姬贵陵、悼王姬猛陵 敬王姬丐陵

周景王（?—前520），名姬贵。东周第十二代王。灵王第二子，灵王死后继位。

景王在位期间，财政窘困，只能靠向诸侯乞讨度日，天子的威望一落千丈。由于战乱，许多诸侯国也并不富裕，但郑国靠改革，使国家富强起来。郑国的执政大臣子产，名侨，亦称公孙侨，是位务实的政治家。他实行改革，整顿田地疆界和农户编制，承认土地私有，按田亩征税。发布法律条文，把刑书铸在鼎上，置于宫门，让百姓都知道新的刑法。新刑法触及了贵族的利益，遭到广泛斥责，并编歌谣诅咒他："硬逼我将好衣服藏在家，还将我的田产左盘右查。谁去杀子产啊，我一定参加!"但他不为所动，坚决推行。其后改革成效显著，人们用歌谣来歌颂他的政绩："我们的子弟，子产来教导，我们的田地，子产帮助我们把产量提高。如果子产死去，有谁能像他那样好?"他被孔子称为仁人、惠人。子产执政20年，生产发展，内部安定。使大国不敢轻视郑国这一小国，维护了国家尊严。

公元前520年，景王病逝。在位25年，葬于洛阳。

周景王陵位于河南省洛阳市孙旗屯乡土桥沟村的周山之巅。有三座陵墓封土连为一体，称为周三王陵。三王陵传说为景王、悼王、敬王。《水经注》载：洛水故渎又东北迳三王陵，三王或言周景王、悼王、定王也（注：也有说敬王者）。三陵以中间封土最高，直径75米，高34米；东侧陵直径65米，高30米；西侧陵直径51米，高26米。封土现存尚好，内涵不详。

有的史料记载，周景王葬于洛阳东北的翟泉村。

悼王（?—前520），名姬猛。东周第十三代王。景王嫡次子。景王死后继位。

景王在位时，原立的嫡长子太子寿早死，便立姬猛为太子。后来，景王又宠爱庶子姬朝，在他病重时，特召见大夫孟宾，嘱咐他要扶立姬朝为君。姬朝还没来得及被立为嗣君，景王就病死了。景王死后，大夫刘耿、单旗杀死孟宾，仍扶立太子姬猛即位，是为悼王。王子姬朝不甘心，便带着旧官吏和士兵攻占了都

城。悼王被杀（一说病死），在位半年，葬于洛阳。

周悼王陵位于河南省洛阳市孙旗屯乡土桥沟村的周三王陵。因三座陵墓封土相连，故名。据史料记载，悼王死后葬于周三王陵，具体是哪一座陵墓，尚无考证。

周三王陵（1995 年 10 月）

敬王（？—前476），名姬丐。东周第十四代王。景王第二子，悼王弟。悼王死后继位。

敬王在悼王死后，被大臣们拥立为王。景王庶子王子朝，在尹国帮助下攻进都城，自立为王。敬王逃到狄泉（河南洛阳境内），于是“二王并存”。敬王四年（前516），晋国派赵简子率军平息王子朝叛乱，迎周敬王回到都城复位。王子朝及尹氏等同党持周典籍逃奔楚国。公元前505年，敬王乘吴国攻破楚国之机，派人刺杀了王子朝。

在周王室内乱期间，南方的吴越两国也开始参加争霸。公元前522年，楚平王听信谗言，杀了大夫伍奢。伍奢次子伍子胥逃入吴国，帮助阖闾刺杀了吴王僚，夺取王位。公元前506年，阖闾采用伍子胥的疲劳战术，率军攻破楚国。楚国曾与越国盟会，越国（今浙江绍兴市）国王允常，乘吴军攻楚，国内空虚，举兵攻吴，为楚声援。公元前496年，吴王阖闾乘越国王允常死，其子勾践初立之机，不听伍子胥劝阻，亲自率军攻越。越王勾践在携李（浙江嘉兴西南）进行御防，并命敢死队向吴军两次冲锋，吴军毫不动摇。勾践派罪人排成三行，到吴军阵前自刎，分散吴军注意力，然后突然袭击，吴军大败，阖闾受伤致死。其子夫差即位，立志报仇。两年后，越王勾践探知夫差昼夜练兵。为先发制人，不听范蠡劝谏，出兵攻吴。两军战于夫椒（江苏太湖椒山），越军兵败，吴军乘胜追击，占领越都（浙江绍兴）。勾践率5000残兵逃至会稽山，卑辞厚礼向吴王求和。伍子胥力谏夫差说：“去病莫如尽。”让他杀勾践，灭越国，以免后患，夫差不听，以越王勾践夫妇侍奉吴王为条件，许和撤兵。

勾践为吴王驾车养马，穆衣恶食居囚室，受尽屈辱。三年后赦免回国。从此，勾践卧薪尝胆，策励自己不忘耻辱和复国的志向。他着手改革内政，休养生息，以恢复实力。公元前482年，勾践趁夫差北上争霸而国内空虚之机，袭破吴都，杀死吴太子。夫差返国后无力报仇，只得忍让言和，其后越军不断攻吴。公元前473年冬，吴都被越国军围困三年后城破。夫差乞降，勾践不允。夫差惭恨自杀，吴国终于被越国吞并。勾践灭了吴国，带领大军渡过淮河，约会中原诸侯会盟，宋、郑、鲁、卫等国归附。勾践派人给周天子送去贡品，周王派使臣给勾践送来祭肉，承认他为霸主。不久，越大夫范蠡出走，文种被杀。公元前306年，越国被楚国吞并。

周敬王在位期间，我国古代大思想家、大教育家孔子，度过了他忙碌的后半生。他编订了古代文化典籍《诗经》、《尚书》、《春秋》，为保存和发展我国古代文化遗产做出了重要贡献。孔子在教育方面，主张“学”与“思”相结合，提出了“学而不思则罔，思而不学则殆”，“温故而知新”“学而时习之”等命题，首创了私人讲学的风气，主张“有教无类”因材施教和“学而不厌，诲人不倦”的精神，这些思想直到2400多年后的今天都是有积极意义的。

公元前476年（春秋时期最后一年），周敬王病逝，在位44年，葬于洛阳。

公元前256年，东周为秦所灭，历25王，共295年。

周敬王陵位于河南省洛阳市孙旗屯乡土桥沟村的周三王陵。三座王陵相依，封土连为一体。三陵中以中间封土最高，有资料记载，最高的陵墓就是敬王陵，但没有提出考据。内涵不详。

〔春秋〕秦穆公嬴任好墓

秦穆公（？—前621），名嬴任好。春秋时期秦国第十代国君。德公之子，成公弟。成公死后继位。

秦穆公即位时，秦国在经济、军事上已经是个强国。他即位不久，即派兵渡黄河灭掉茅戎（今山西省平陆县）。这时晋国是中原地区的强国。秦穆公为了树立自己的威望，便向晋献公求婚。晋献公见他是位雄杰有为的君主，便将女儿嫁给了他，结成“秦晋之好”。在这期间，秦穆公意外地得到百里奚、蹇叔两位贤臣。在他俩的辅助下，秦国很快出现国内安定、经济发展的局面。

晋献公死后，秦穆公送落难于秦国的晋惠公夷吾回国，并帮助他平息了骊姬乱政后晋国的动乱局面。在晋惠公离秦返晋时，曾许诺割五座城池给秦国，作为对秦穆公的报答，但他回到晋国后就反悔了。公元前647年，晋国发生了饥荒，派使臣来秦国借粮。秦穆公虽恨晋惠公言而无信，但仍召集大臣商议此事。由晋国逃出来投降于秦国的丕豹，反对向晋借粮，并提议乘机出兵攻晋。而秦穆公却采纳了百里奚等谋臣的建议，决定借给晋国粮食，并从水路运米至晋都绛（今山西翼城），救济晋国人民，史称“泛舟之役”。第二年，秦国发生了饥荒，秦穆公派人向晋国借粮，晋惠公不但不借，还出兵攻秦。秦穆公以丕豹为主将率兵迎战晋军。两军在韩原（今陕西省韩城县西北）交战，晋军战败，生俘晋惠公。后应夫人（晋惠公姐姐）请求，释放了晋惠公。先后夺得晋河西地，国土拓展至黄河。

秦穆公墓（1997年9月）

晋惠公死后，秦穆公又护送流亡的晋文公重耳回国即王位。由于晋文公治国有方，使晋国迅速强大起来，阻碍了秦国向东扩张的计划。公元前627年，晋文公刚死，秦穆公不听百里奚、蹇叔的劝阻，贸然派孟明视领兵偷袭郑国。秦军在途中中了郑国贩牛商人弦高之计，仓惶退兵。行至崤山，遭晋军伏击，秦军惨败。这次失败，秦穆公当众自责，使部下深为感动。两年后，秦穆公又任用孟明视领兵伐晋。行至彭衙（今陕西省白水县），遇晋军截击，秦军大败。公元前624年，秦穆公第三次任用孟明视伐晋，并亲自督军。秦军渡过黄河后烧了船只，誓死报仇，终于打败了晋军，攻占了晋国的郊城（今山西运城市）和五官（今山西闻喜县）两地。秦穆公回师时到崤山，为前次阵亡将士封尸埋葬，哭祭三天。

此后，秦穆公采用谋士由余计策，向西发展，给西戎王送去美女，使其迷恋酒色而荒怠国事。公元前623年，秦穆公率军突袭西戎，戎军不敌，戎王被俘，秦军灭掉西部十二国，开地千里，成为西戎的霸主。周襄王赐以金鼓致贺，秦国自此更强大。公元前621年，秦穆公病逝。在位39年，葬于雍。用177人殉葬，内有车氏三位贤人。秦人作诗《黄鸟》三章以讽之。

秦穆公墓位于陕西省凤翔县城东南隅。墓园正门上有“秦穆公墓”四字，门右侧立“秦穆公墓”石碑三通和文物保护碑一通。门内是墓区，占地约5000平方米。封土呈圆丘形，高约3米，周长约28米。据说，这个墓是假的，真墓应在凤翔县南指挥乡南指挥村的秦公陵园内。那里已发现属诸侯王级“中”字型秦公墓18座。到目前为止，能确定墓主人身份的只有一座，即秦穆公的玄孙秦景公墓。

秦穆公墓正门（1997年9月）

〔战国〕齐威王田婴齐墓

齐威王（？—前320）名田婴齐（一作因齐）。田齐第四代国君。齐桓公田午之子。桓公患病时，名医扁鹊曾为其诊病，桓公不采纳。齐桓公病死后齐威王继位。

齐威王在位期间，先后任邹忌、田婴为相，田忌为将，孙膑为军师，虚心纳谏，改革政治，国力逐渐强盛。在桂陵、马陵之战中大败魏军，又击败赵国，夺回失地。公元前334年，迫使魏惠王到徐州（今山东滕县南）朝见，互尊为王。齐国成为战国中期的强国，列为七雄之一。他还继其父桓公在国都临淄（今山东淄博东北）稷门外广置学馆，招揽天下贤士，任其讲学议论政治，倡导仁义，成为当时东方百家争鸣的学术文化中心。

公元前320年，齐威王病逝。在位37年，葬于临淄。

齐威王墓位于山东省淄博市临淄区城南牛山之东。有四座陵墓，依南山东西并列，称“四王冢”，为战国田齐四位国君墓。四墓坐南朝北，东西长达0.5公里。方基圆顶，状若山丘。最西的一座为齐威王墓，高30米，周长140米。墓前有一小墓，疑是齐威王侍妾陪殉之墓。

齐威王陵（1999 年 10 月）

1982年，在四墓北侧，胶济铁路南，立“四王冢”石质标志碑一座。

〔战国〕齐宣王田辟疆墓

齐宣王陵(1999 年 10 月)

齐宣王(?—前301),名田辟疆。田齐第五代国君。齐威王之子。

齐宣王即位后,召田忌复用为将,田婴为相,齐国强盛。公元前314年,燕国发生内乱。他在孟轲的劝说下,命匡章率军攻燕,一度占领燕图。后因齐军残暴,燕人反抗,被迫退兵。宣王喜文学游说之士,继其祖父桓公、父威王在稷下广置学宫,任儒家名师孟轲为卿,任其讲学议论,倡百家争鸣。稷下人才济济,学者达数百千人。

四王冢文保碑

公元前301年,齐宣王病逝。在位19年,葬于临淄。

齐宣王墓位于山东省淄博市临淄区城南牛山之东。从"四王冢"西数第二座墓即为齐宣王墓。与其父威王墓相隔130米。坐南朝北,方基圆顶。墓高34米,周长157米。

〔战国〕齐湣王田地墓

齐湣王（？—前284）“湣”或作“泯、愍、闵”。名田地（一作遂）。田齐第六代国君。齐宣王之子，宣王死后继位。

齐湣王任用田文（孟尝君）为相，匡章、司马穰苴等人为将。曾联合韩、魏，大败楚军于垂沙（今河南唐河西南），接着又与韩、魏连年攻秦，入函谷关，迫使秦归还部分侵魏、韩之地。后与秦并称东、西帝，旋皆去帝号。公元前286年灭宋国，兼有宋以前取得的楚淮北地。自矜骄暴，诸侯难忍。公元前284年，立志报仇的燕国，以乐毅为上将军，联合秦、赵、韩、魏伐齐，仅用六个月，就占领齐国七十余城，攻入齐都临淄，仅剩莒（今山东莒县）和即墨（今山东平度东南）两城。湣王逃往莒。楚使淖齿将兵救齐，淖齿想乘机和燕国瓜分齐国，遂杀死湣王。湣王在位17年。葬于临淄。

齐湣王墓位于山东省淄博市临淄区的城南牛山之东。从“四王冢”西数第三座墓即为湣王墓，西距其父宣王墓105米，坐南朝北，方基圆顶。墓高22米，周长190米。墓前有一座小墓，疑是王陵侍妾的陪殉之墓。

齐湣王陵（1999年10月）

〔战国〕齐襄王田法章墓

齐襄王（？一前265），名田法章。田齐第七代国君。齐湣王之子，湣王死后他继位。

公元前284年，齐湣王被淖齿杀死后，淖齿又被王孙贾与莒人杀死。动乱中，田法章更改姓名，为莒太史敫家庸夫。第二年，齐国亡臣拥立法章为襄王，即位于莒。

燕将乐毅调右军、前军围莒；调左军、后军围即墨。即墨大夫战死，城中推举田单为将，坚守即墨。双方相持达五年之久。田单用反间计，使燕惠王用骑劫接替乐毅为将。骑劫虐杀齐降卒，激起齐人抗燕的决心。公元前279年，田单组织反攻，用“火牛阵”大败燕军，杀死骑劫，收复失陷的七十余城，迎襄王返回临淄都城。齐虽复国，但元气大伤，无力再与秦抗衡。

公元前265年，齐襄王病逝。在位19年，葬于临淄。

公元前221年，秦灭韩、魏、楚、燕、赵后，派将军王贲攻齐，俘虏齐王建，齐国灭亡。

齐襄王墓位于山东省淄博市临淄区城南牛山之东。从“四王冢”西数第四座墓即为齐襄王墓。坐南朝北，方基圆顶。高23米，周长130米。西距其父湣王墓160米，墓前有一小墓，疑是王陵侍妾的陪殉之墓。

四座高大的田齐国君陵墓，依南山东西排列，宛如群峰连绵，气势巍峨。

齐襄王陵（1995年10月）

〔战国〕韩昭侯墓

韩昭侯（？—前333），韩国君王。韩庄侯若山子。韩庄侯死后继位。

韩昭侯在位期间，面对席卷各诸侯国的改革浪潮，深感不改革即亡国。公元前354年，他任用著名政治家申不害为相。申不害劝他说："君主要经常监督臣下，考核其是否称职，予以奖惩，使其尽忠守职，以加强君主专制。"申不害为相期间，积极推行社会改革，提倡法治，注重农耕，使韩国一度强盛起来。申不害为相15年，"国内以治，诸侯不来侵伐。"

公元前333年，韩昭侯病逝，在位30年，葬于宜阳。

申不害死后。韩国仍不能摆脱困境，经常受到秦国的攻击。公元前230年，为秦所灭。

韩昭侯墓位于河南省宜阳县韩城乡城角村西北。墓区面积约为2000平方米。墓底部为正方形，顶部呈圆形。高20米，边长约50米，据《通志》等文献记载，该墓为韩昭侯墓。

韩昭侯陵（2001 年 3 月）

〔战国〕赵武灵王陵

赵武灵王陵（1997 年 9 月）

赵武灵王（？—前295），名雍。赵国君王、军事改革家。赵肃侯赵语子。赵肃侯死后他继位。

赵武灵王即位后，因边境常受中山国（河北灵寿西）的威胁和游牧部族骑兵的骚扰，决心改革军事，改穿胡服，学习骑射，即着短衣，束皮带。用带钩，穿皮靴，练习骑射。后攻取原阳（山西大同西北）作为骑邑，加强骑兵训练，史称“胡服骑射”。同时，在北部边境地区，将步兵和车兵改为便于机动作战的骑兵，对军队编制、装备和训练作了重大改革。从此，赵国武力强盛。他利用中原大国混战之机，从公元前301年起，多次进攻中山，先后占领丹丘（河北曲阳西北）、曲阳（河北曲阳）等地。公元前299年，他将国君之位传于其少子何（即赵惠文王）自称“主父”，率军在外作战。两年后，他率领20万大军，相继灭中山，破林胡、楼烦诸部族，北拓疆域千里，使赵国跻身当时列强。公元前295年，赵国内乱，他被围困于沙丘（今河北巨鹿县南）宫中，三个月后饿死。在位27年，葬于邯郸。

赵武灵王为观看歌舞和军事演习所建的丛台

此后，赵国与秦、齐、魏、燕等国常有战事，虽互有胜负，但兵力耗损殆尽。公元前222年为秦所灭。

赵武灵王陵位于河北省邯郸县三陵乡西。三陵乡共有三座赵王陵，哪座是赵武灵王陵，还不十分肯定。其中二号陵墓最大，高约12米，周长约140米。据专家们查阅史料和观察，认为二号陵墓就是赵武灵王陵，但没有实物考证。据说考古部门要对此墓进行发掘，届时会有定论。

〔战国〕魏惠王魏莹墓

魏惠王（前400—前319），又称梁惠王，名魏莹。魏国君王。魏文侯之孙，魏武侯之子。魏武侯死后继位。

魏惠王即位时，魏国仍是强大的诸侯国。公元前361年，他将都城自安邑（今山西夏县西北）迁到大梁（今河南开封），重心转移到中原地区。自此，魏史又称梁。公元前344年，他首先称王，并在逢泽（今河南开封市东南）召集诸侯会盟，率诸侯朝见周天子，仍保持着一定的声威。事后，各国诸侯纷纷称王。公元前353年的“桂陵之战”和公元前341年的“马陵之战”中，魏均为齐军打败，损失惨重，从此，魏国的势力逐渐衰落。

公元前319年，魏惠王病逝。在位51年，终年82岁，葬于中牟县。

战国晚期，魏已降居弱国之列。公元前225年，秦将王贲引黄河水灌大梁，城破，虏魏王假，魏亡。

魏惠王墓位于河南省中牟县仓寨乡韩庄村西南。墓区原有面积约8000平方米，现缩为约400平方米。墓冢被沙土淹埋。现存墓高3米，周长约100米。墓区树木繁郁，芳草萋萋。据清代《中牟县志》记载，该墓为魏惠王墓。

魏惠王墓(2000年4月)

〔战国〕秦昭王嬴稷墓

秦昭王（前324—前251），即秦昭襄王，名嬴稷，亦名嬴侧。战国时秦国国君。秦惠文王子，秦武王异母弟。秦武王在与武士举鼎时，受伤致死后继位。

秦昭王19岁即位，由其母宣太后执政。四十一年后（公元前266年），宣太后被废黜。

秦昭王在位期间，坚持继续东进的国策。大胆任用贤相勇将，先后任用魏冉、范雎为相；司马错、白起等为将。采用范雎“远交近攻”策略，连续击退了六国的合纵进攻，发动一次又一次的东进战役。又曾会楚顷襄王于宛；会赵惠文王于中阳以谋攻齐；会赵王于渑池，将武力进攻与政治外交并用，夺取了许多重要战略要地。开辟黔中、巫郡、南阳、上党等郡。公元前260年，秦、赵长平（山西高平西北）之战，大败赵军，抗杀赵降卒40万。此后六国俱弱，秦独强，为秦统一六国奠定了基础。

公元前251年，秦昭王病逝。在位56年，终年74岁，葬于蓝田。

秦昭王墓位于陕西省蓝田县华胥乡老家湾村。墓区面积约为56万平方米，封土呈圆丘形，底径约40米，高约30米。有的学者认为，秦昭王陵墓应在临潼区秦东陵。

秦昭王墓（2000 年 4 月）

〔秦〕始皇帝嬴政秦陵

秦始皇，姓嬴，名政（前259—前210），秦王朝开国皇帝。秦庄襄王子。统一中国后称帝，建都咸阳。

战国末年，秦国实力最强，当时，国政为丞相吕不韦和宦官嫪毐（lǎoài）所把持。秦王亲政后，平定嫪毐的叛乱，免除吕不韦的相职。任用尉缭、李斯等人，部署统一全国的战略和策略，以重贿离间敌国君臣关系和实行远交近攻等办法。自公元前230年至前221年，先后灭韩、魏、楚、燕、赵、齐六国，建立了中国历史上第一个统一的、多民族的封建国家。秦的统一，结束了长期混战局面，顺应了人民的愿望。

嬴政统一天下后，建立专制主义中央集权制：规定最高统治者称皇帝，自称“始皇帝”，幻想秦王朝的统治能延续千秋万代；国家的一切政务都由皇帝裁决，实行三公九卿制，帮助皇帝处理军政事务；推行郡县制，全国分为三十六郡，郡下设县，郡、县长官由皇帝直接任命；统一法律、度量衡、文字、货币和车轨，为经济、文化的发展提供了便利条件；修建通向燕齐和吴楚地区的驰道，开凿沟通湘江和漓江的灵渠，以加强各地的交通联系。秦始皇采取这些措施，巩固了封建国家的统一，加强了对人民的统治。他派兵南定百越，北击匈奴，使秦朝的疆域，东到大海，西到陇西，北到长城一带，南到象郡（今广西崇左）。秦始皇是位有作为的

秦始皇陵（1998 年 9 月）

政治家，他每天亲自处理大量的奏章文书，不完成规定的数量，决不休息。他对中国历史的发展起了一定的进步作用。

秦始皇

秦始皇曾幻想永远活在人间，把70多万犯人集中到咸阳来，为他修建豪华庞大的阿房宫。阿房宫有多大，谁也说不清。当时动工的一个殿，东西长五百步，南北宽五十丈，楼上可以坐万人，楼下可以插五丈高的旗子。后来被楚霸王一把火烧掉了，如果保存下来，将成为世界上最大的宫殿了。同时，秦始皇派徐福带领数千名童男童女，到东海求取长生不老的仙药。他们经过几年，什么也没有找到，便欺骗秦始皇说：“因为海上有大鱼，所以船不能开往蓬莱山。”于是秦始皇亲自到海边去射鱼，据记载，他在今天山东福山县东北的海面上，确实用连发弩射死了一条大鱼。此后徐福一行人入海后就再也没有回来。后来民间传说，他们来到现在的日本国定居，传宗接代。

秦朝的法律很严酷。规定一人死罪，亲族处死。一家犯法，邻里同罪。为防止人民反抗，下令收缴天下兵器，集中销毁。为了加强思想统治，下令“焚书坑儒”，极其野蛮地摧残了文化。

阿房宫遗址(1994 年 9 月)

秦朝的事业，是在残酷地剥削和压迫人民的条件下，在短短的十几年中完成的。秦始皇维持了一个庞大的军队和官僚机构，进行多次的大规模战争，修筑万里长城。当时全国人口不足两千万，而当兵服役的人超过两百万，占壮年男子的三分之一。徭役繁重，民不聊生，

人心思乱，“群盗满山”。急政暴虐，导致速亡，嬴政在完成统一事业的同时，也为秦王朝掘下了坟墓。

公元前210年夏，秦始皇在巡游途中病死。在王位25年，帝位12年，终年50岁，葬于秦陵。

秦始皇陵位于陕西省临潼县东5公里的骊山北麓。南倚骊山，北临渭水。秦始皇13岁（公元前246年）即秦王位后不久，就在骊山营建陵墓。统一天下后，又从全国征发来70万人参加修筑。直至秦始皇50岁死葬时还未完工，秦二世又接着修了两年，前后费时近40年，真可谓工程浩大。陵园占地49平方公里。外城周长6210米，内城周长3870米，陵冢呈覆斗形，高51米。地宫内满藏奇器珍宝，铜铸棺椁，建有宫殿及百官座位，以水银为江河大海，上面象形日月天体，下面象形山川地理，实际上是一个被搬入地下的人间世界缩影。并有陪葬坑和殉葬墓。1974年春，在陵园东1.5公里发现了规模巨大的秦始皇陵陪葬兵马俑。出土有实物二分之一大的铜车马两乘，有同实物大小相近的陶兵俑约7000个，陶马600余匹，战车130辆。秦俑兵器都是青铜制品，有戈、矛、戟、铍、剑、弩弓等。这个史书失载的奇迹很快轰动了全国，并震惊了世界。秦始皇陵在秦末的战火中遭到了严重破坏。《水经注》记载，项羽入关以30万人发掘陵墓，把丰富的随葬品洗劫一空，地面上的建筑又付之一炬。

秦兵马俑

秦始皇陵被联合国定为世界文化遗产。

秦陵远眺

〔秦〕二世胡亥陵

秦二世胡亥(前230—前207),秦朝第二代皇帝。秦始皇第二十六子。秦始皇临终前下诏让长子扶苏回来继位。宦官赵高与丞相李斯伪造遗诏,逼杀扶苏和大将蒙恬,立胡亥为皇帝,史称秦二世。

胡亥在位期间,由赵高专权。在赵高的唆使下,秦始皇后宫无子者皆令从死,诛杀诸公子、公主二十余人。又将营造骊山墓地下机弩的工匠都活埋在墓中。第二年又腰斩李斯,灭其三族。赵高为了考验朝中大臣谁不服他,牵了一只鹿上朝,对胡亥说:“我弄到一匹马进献陛下。”胡亥说:“这明明是头鹿,怎么是马呢?许多大臣惧怕赵高,就附和着说是马,说是鹿的几个大臣。几天后,就被赵高处死了。这就是历史上“指鹿为马”的故事。胡亥承袭始皇弊政,继续修阿房宫、骊山陵。赋税徭役较始皇时更为繁重,阶级矛盾更加尖锐。

公元前209年,陈胜、吴广揭竿起义,领导农民反秦,建立了我国历史上第一个农民政权,号曰:“张楚”。刘邦军进攻咸阳时,赵高见形势危急,准备与刘邦谈判,就逼杀胡亥。胡亥在位3年,终年24岁,葬于西安市。

秦二世胡亥陵位于陕西省西安市雁塔区曲江乡曲江池村。封土呈圆丘形,高6米,底径25米。墓前有砖砌碑楼,内嵌清乾隆年间陕西巡抚毕沅书“秦二世皇帝陵”碑一通。墓地尚有石兽一对, 高1米,长0.75米。解放后,墓区圈上围墙,修建了大门和殿堂。远远望去,红墙碧瓦,绿树成阴。

秦二世陵(1994 年 9 月)

〔西汉〕高祖刘邦长陵

汉高祖刘邦(前256—前195),字季。汉朝开国皇帝、军事统帅。江苏沛县人。

刘邦出身农家,原为秦朝亭长(管理10里地方的小官)。为人豁达大度,不事生产。

他奉命押送刑徒去骊山服役,途中刑徒陆续逃散,他就释放了其余刑徒,自己和十几个自愿跟随他的人一起逃匿芒、砀山。在沛吏萧何、曹参等支持下,起兵响应陈胜起义,称沛公。陈胜死,刘邦与项羽领导的起义军成为抗秦的主力。当项羽率军破釜沉舟与秦军主力决战于巨鹿时,刘邦受命攻进咸阳,秦子婴投降。刘邦废秦严刑苛法,与关中父老约法三章:"杀人者偿命,伤人者法办,偷盗者治罪。"因而深得民心。

不久,项羽率军入关中,驻扎鸿门,欲攻刘邦。刘邦因兵力不敌,在鸿门宴席上卑辞言好,表示自己没有和他争天下的野心,使项羽改变了杀死刘邦的主意。项羽自立为西楚霸王,封刘邦为汉王。刘邦占有巴蜀、汉中之地。不久,刘邦兵出关中,与项羽展开了长达四年的"楚汉战争"。最后项羽兵败,于乌江自刎。唐代诗人胡曾《鸿门》诗曰:"项籍鹰杨六合晨,鸿门开宴贺亡秦。樽前若取谋臣计,岂作阴陵失路人。"公元前202年,刘邦战败项羽,自立为帝,定都长安(陕西西安市),国号汉,史称西汉。

刘邦是我国历史上颇有见识的皇帝,他出身下层,深解群情,并且能知人善任,不拘一格,他任用当过小官吏的萧何为宰相,出身寒门的陈平作他的谋臣,屠狗为业的樊哙、编席为生的周勃、贩卖丝绸的灌婴作他的将军。这些"布衣将相"组成了一个强有力的领导集团。

刘邦长陵(1994年9月)

刘邦不但有知人之明,也有自知之明。在一次酒宴上他问大家:我之所以胜利,项羽之所以失败,是什么原因?有些人讲了许多阿谀奉承刘邦的话,而刘邦却

刘邦

不以为然，他说："你们只知其一，不知其二。运筹帷幄之中，决胜千里之外，我不如张良；治理国家，安抚百姓，给前方运送军粮，我比不上萧何；统领百万大军，战必胜，攻必克，我不如韩信。我能够重用他们，发挥各人的才能，这就是我得天下的原因。项羽连一个范增都不能用，所以被我消灭了。"

然而刘邦毕竟是个封建皇帝，在他还未取得政权之前，尚能豁达大度，以大局为重，当他取得政权之后，就疑虑多端，容不下和他出生入死的战友，斩韩信、诛彭越、伐陈豨、贬张良，故时人有歌云："狡兔死，走狗烹，飞鸟尽，良弓藏，敌国破，谋臣亡。"

刘邦称帝后，承袭秦制，实行中央集权制度。楚汉四年战乱，经济凋敝，府库空虚，将相出门乘牛车。面对残破局面，刘邦以秦朝速亡为鉴，实行宽舒的休养生息政策，重农抑商，轻徭薄赋，释放奴婢，复员士兵等措施。制定《汉律》九章，定军法、历法和度量衡。有力地恢复和发展了社会经济。

刘邦晚年回到故乡，宴请父老乡亲。在欢乐中，回想起一桩桩战争往事，以后还要治理好国家，可真不容易，心中十分感慨，情不自禁地唱起歌来："大风起兮云飞扬，威加海内兮归故乡，安得猛士兮守四方。"此后不久，因战伤复发而死于长乐宫。在王位4年，帝位8年，终年62岁，葬于长陵。

长陵位于陕西省咸阳市渭城区正阳乡毛庞村。长陵又称"长山"、"长陵山"，是汉高祖刘邦和皇后吕雉的合葬陵。陵园平面略呈方形。南北长885米，东西宽816米。高祖陵位于陵西侧，吕后陵居东偏南，间距约280米。两陵形制略同，皆呈覆斗形。高祖陵底部东西长153米，南北宽135米；顶部东西长55米，南北宽35米；高32.8米。陵邑在陵园之北。陪葬墓在长陵东，现存墓冢63座，陪葬者有萧何、曹参、周勃、戚夫人等。

高祖斩蛇碑

[西汉] 惠帝刘盈安陵

汉惠帝刘盈（前211—前188），西汉第二代皇帝。高祖长子。6岁立为太子。他生性懦弱，高祖曾想废除他，改立戚夫人生的儿子刘如意为太子，因遭到张良等大臣的反对而作罢。高祖死后他继位。

刘盈即位时，年仅17岁，由母亲吕太后执掌大权。吕后为了连根固本，把她的外孙女儿张嫣，即鲁元公主的女儿嫁给刘盈为皇后，结婚时男方20岁，女方还不到10岁，就这样甥舅结成了一对极不相称的夫妻。吕后忌恨刘邦爱妃戚夫人及其子赵王刘如意。他先毒死如意，然后将戚夫人砍去手足，挖出双眼，熏聋两耳，药哑喉咙后，扔进厕所，称为“人彘（zhì）”可怜这位“善为翘袖折腰之舞”的艺术家，竟受尽折磨而死。刘盈为此大病一场，再加上个别扭的夫妻关系，于是终日不问政事，终于忧郁成病，公元前188年8月，死于未央宫。在位7年，终年24岁，葬安陵。

安陵位于陕西省咸阳市渭城区韩家湾乡白庙南村。陵区分为陵园、陵邑及陪葬区三部分。陵墓封土为夯筑覆斗形，底部东西长170米，南北宽140米；顶部东西长65米，南北宽40米；高25米。陵墓西北270米处为孝惠张皇后陵，陵北900米处为安陵邑。陵东为陪葬墓区，尚存封土两座，文献记载陪葬者有鲁元公主、陈平、张苍、杨雄等。

惠帝刘盈安陵（1998年9月）

〔西汉〕文帝刘恒霸陵

汉文帝刘恒（前203—前157），西汉第四代皇帝。高祖第二子，母为薄姬。公元前196年受封为代王。公元前180年吕后死，吕产、吕禄握兵权，企图政变。丞相陈平，太尉周勃等平定诸吕之乱后，拥立刘恒为帝。

文帝在位期间，继续推行休养生息和轻徭薄赋政策。他两次把田租减为三十税一，成为汉代定制；宽政减刑，取消了连坐法和割鼻、砍脚、脸上刺字等肉刑；逐步削弱诸侯王势力，加强中央集权制；驻军北方，征民实边，增强北方防御力量。文帝自奉也相当节俭，在位期间，宫室苑囿、车骑服御之物都没有增添。他屡次下诏禁止郡国贡献珍奇异物。他所宠爱的慎夫人衣不曳地，帷帐不施文绣。因为文帝提倡节俭，国家财政开支有所节制，贵族官僚也不敢滥事搜刮，不敢奢侈无度，从而减轻了人民的负担。社会渐趋安定，一度出现富庶景象。公元前157年六月，病死于未央宫。在位23年，终年47岁，葬于霸陵。

霸陵位于陕西省西安市灞桥区灞陵乡至密院村，在灞河西岸白鹿原北坡。霸陵"因其山，不起坟"，斩原为冢，凿洞为玄宫，"就其水名为陵号"。陵园设施已毁平无迹，尚存清代陵碑及祭祀碑十余通。史载汉文帝曾指令"置霸陵皆以瓦器，不得以金银为饰"。但《晋书》云，三秦人盗发霸陵时"多获珍宝"，可见帝葬时，臣子已违其遗嘱。文帝的窦皇后陵在山崖上边，其母薄太后的南陵在山的背后，人们说文帝是孝子，从陵的位置排列上，称他为"顶妻背母"。霸陵的陪葬者有孝武陈皇后、馆陶公主、董偃、更始帝刘玄等。

汉文帝刘恒霸陵（1996年9月）

霸陵是我国历史上第一个依山凿穴为玄宫的帝陵，对六朝及唐代依山为陵的建制影响极大。

〔西汉〕景帝刘启阳陵

汉景帝刘启（前189—前141），西汉第五代皇帝。文帝第三子，母为窦皇后。文帝在位时被立为太子，文帝死后继位。

景帝在位期间，继续推行文帝时的政策，社会经济繁荣，府库充实。仓库堆满了粮食，有的腐烂而不可食。国库里的钱堆积如山，连串钱的绳子都朽断了。

景帝时，诸侯势力膨胀，威胁中央。他采纳御史大夫晁（cháo）错的建议，实行“削蕃”（削弱地方割据势力）。吴王刘濞（bì）纠集楚、赵、胶西、胶东、淄川、济南六国诸侯王以“诛晁错、清君侧”为借口，起兵叛乱。景帝害怕，在他们要挟下腰斩了晁错。但刘濞仍然向长安进军。景帝任用周亚夫，击败了刘濞，平定了叛乱。此事件史称“七国之乱”。事后，景帝将诸侯王任免官吏的权力收归中央，削弱了诸侯王的力量。景帝期间，政治安定，国力充足，人口倍增，社会空前繁荣，成为封建社会的盛世。史家把他与文帝时期并举，称为“文景之治”。公元前141年，景帝病死于未央宫。在位16年，终年49岁，葬于阳陵。

景帝刘启阳陵（1996年9月）

阳陵位于陕西省咸阳市渭城区正阳乡韩家湾村。陵区由陵园、陵邑、陪葬墓区组成，陵园平面呈方形，边长410米，垣墙正中有条形门阙，除北门已平外，东、西、南门阙保存较好。封土居陵园中央，呈覆斗形，底部边长160米，顶部东西宽54米，南北长55米，高31.8米。孝景王皇后陵位于阳陵东北450米处。阳陵邑和陪葬墓均位于陵东。20世纪70年代尚存陪葬墓34座，今仅残存11座，其余墓冢已被削平。

[西汉] 武帝刘彻茂陵

汉武帝

汉武帝刘彻(前156—前87),西汉第六代皇帝。景帝子。4岁时被封为胶东王,7岁立为皇太子。景帝死后继位。第二年,首创年号为“建元”。从此,我国历史上开始正式用年号纪年。

武帝在位期间,政治上,继续景帝的政策,颁布“推恩令”(准许诸侯王将封地分封给子弟,可以分散力量),进一步削弱同姓王侯的政治势力;思想上,采纳董仲舒的建议,“罢黜百家,独尊儒术”;经济上,打击富商大贾,把冶铁、煮盐、铸钱官营,以充实国家经济实力,设平准官、均输官,官府直接经营运输和贸易,以控制物价。治理黄河,兴修水利;军事上,派大将卫青、霍去病等数次发起反击匈奴的战争,移民屯边,开拓了疆域,消灭南越割据势力,在西南地区设置郡县,加强了汉族和少数民族之间的联系,解除了边境威胁;外交上,派苏武持节出使匈奴,两次派张骞出使西域,开辟丝绸之路,加强

汉武帝茂陵(1996年9月)

了汉族与西域各国的经济文化交流。武帝重视文化事业的发展，他是“汉乐府”的创始人，设立乐府，采集民间诗歌。刘彻本人就是一位诗人，他的《秋风辞》一诗就是乐府诗的典范：“秋风起兮白云飞，草木黄落兮雁南归。兰有秀兮菊有芳，怀佳人兮不能忘……”汉武帝是位雄才大略的封建政治家，他完成了巩固和发展中国统一的历史任务，使中国历史上第一次出现了鼎盛时期。汉朝的强大，使中原的“秦人”改称“汉人”。古代的华夏族从此称为“汉族”，中国开始以高度文明和富强的国家闻名于世。

武帝也有许多令人非议之处：司马迁在《史记》中说了他几句“不恭”的话，他就借口李陵的问题，把司马迁下狱处宫刑；公元前88年，他立与钩弋夫人所生之子刘弗陵(7岁)为太子，勒令钩弋夫人自杀。他认为子少母壮能引起国家混乱，他的论据就是吕后专政，刘盈无能为力，刘家江山几乎失掉。钩弋夫人就因为爱子要做皇帝，而被逼自杀。武帝后期，连年征战，徭役沉重，财富枯竭，给人民带来了灾难。公元前87年二月，病死于巡视途中。在位54年，终年70岁，葬于茂陵。

茂陵位于陕西省兴平市南位乡茂陵村。西汉墓葬制度规定，皇帝从即位的第二年开始，每年由国家税收中拿出三分之一，为皇帝营建巨大的陵墓，这种生前建造的陵墓叫做“寿陵”。茂陵始建于武帝二年(前139年)，历时53年建成，是西汉帝陵中规模最大的一座。陵园平面呈方形，东西长430米，南北宽414米。陵墓呈覆斗形，底部东西长229米，南北长231米；顶部东西长39.5米，南北长35.5米；高46.5米。等到武帝死时，陵上的树木已经长得可以合抱了，墓室里藏满了金银财宝，鸟兽鱼鳖，牛马虎豹等近200种物资。可以想象，这种“虚地上以实地下”的做法，给人民带来了多么大的灾难。陵园西北有李夫人墓，陵邑在陵东南。陪葬墓区在陵园东侧，尚存封土12座，陪葬者有卫青、霍去病、金日磾、霍光、阳信长公主等。

茂陵碑

［西汉］昭帝刘弗陵平陵

汉昭帝刘弗陵（前94—前74），西汉第七代皇帝。武帝少子。武帝死后继位，年号始元。

昭帝即位时，年仅8岁，遵照武帝遗嘱，由大司马霍光等大臣辅政。昭帝聪明过人，14岁那年，有一次，霍光在长安检阅羽林军，并将一名校尉调到府里任职，一向与霍光不和的左将军上官桀，乘机伪造了一封燕王刘旦的信，派人冒充燕王的信使，送交昭帝告发霍光谋反。次日，霍光上朝，得知这一消息，吓得伏地不起，昭帝却说："你检阅羽林军，调用校尉都是最近的事，长安距离北方遥远，燕王怎么能这样快就知道，又这样快把信送来呢？再说，你真有反意，也用不着调动一个校尉，足见信是假的，有人想陷害你大将军。"霍光和大臣们听了无不佩服昭帝年少英明。不久，上官桀和燕王因谋反而被处决。

昭帝在位期间，执行武帝时的政策，移民屯边，派兵击败匈奴、乌桓的扰乱，保证了边疆的安全。公元前74年四月，病死于未央宫。在位13年，终年21岁，葬于平陵。

平陵位于陕西省咸阳市秦都区平陵乡大王村。陵区总面积约13.6平方公里，分为陵园、陵邑及陪葬墓区三部分。陵园平面呈方形，边长约370米。封土居陵园中央，平面呈方形，底部边长160米，顶部边长49米，高29米；封土垂直距顶部2.25米处内收成二层台，东、西台宽4米，南、北台宽3米。上官皇后陵位于平陵东南665米处。平陵邑位于陵园东北方向；陪葬墓区位于陵东，尚存封土20余座，陪葬者有窦婴、夏侯胜、朱云、张禹、韦贤等。

汉昭帝平陵（1997年9月）

〔西汉〕宣帝刘询杜陵

汉宣帝刘询（前92—前49）本名病已，字次卿。西汉第八代皇帝。武帝曾孙，戾太子刘据孙，刘进子。刘据受诬陷自杀，株连满门。刘询被关押狱中，后遇大赦，得以恢复皇族身分。倚外家史氏和暴室啬夫许广汉扶育成人，长期居住民间，因此对百姓的疾苦和吏治得失有所了解。昭帝死，无子，霍光等大臣迎立刘询为帝，年号本始。

宣帝即位后，励精图治，任用贤能，平狱缓刑，轻徭薄赋，发展生产，使谷价降至每石五钱，是西汉以来最低的谷价。又设置西域都护，西汉王朝的政令自此颁行西域。公元前52年，匈奴呼韩邪单于称臣降服，威震域外，原来畏服匈奴的乌孙及其以西的安息诸国，也转而尊汉。以此边境晏然，徭役省减，为政治安定和经济发展创造了有利条件。

宣帝统治期间"吏称其职，民安其业"，史称"中兴之主"，西汉学者、文学家刘向赞扬他"政教明，法令行，边境安，四夷清。"公元前49年十二月，病死于未央宫。在位25年，终年44岁，葬于杜陵。

杜陵位于陕西省西安市雁塔区曲江乡兆村。总面积逾20平方公里。陵园平面呈方形，边长430米。封土居陵园中央，呈覆斗形，底边长175米，顶边长50米，高29米。陵前有清代康、雍、乾年间石碑五通。陵邑位于杜陵西北。孝宣王皇后陵和孝宣许皇后"少陵"分别位于杜陵东南850米和6.5公里。陪葬墓分布于杜陵东南、东北部，现有封土62座，陪葬者有张安世、丙吉、金安上、刘竞等。

汉宣帝杜陵（1996年9月）

〔西汉〕元帝刘奭渭陵

汉元帝刘奭（shì，前76—前33)，西汉第九代皇帝。宣帝子。母为共哀许皇后。8岁立为太子。宣帝死后继位，年号初元。

元帝多才艺，善史书，少好儒学。即位后以名儒萧望之、周堪领尚书事，贡禹、匡衡等为丞相。又委政宦官，重用外戚。致使宦官擅权，外戚奢僭放纵。在位期间，中央集权被削弱，社会危机日深，豪强大地主兼并之风盛行，西汉王朝日趋衰落。元帝迷恋于声色，妾妃很多，不得常见，乃使画工图其相貌，按图召幸，所以宫人多有贿赂画工的。宫女王嫱（字昭君）自恃容貌出众，不肯贿赂画师毛延寿，毛延寿有意把她画丑些，故不得见皇帝。公元前33年，匈奴呼韩邪单于前来求亲，王嫱主动要求和亲，元帝便按图把王嫱赐给单于。当临行召见时，才发现她容貌为后宫之冠，但名籍已定，不得更改，后悔莫及。

公元前33年五月，元帝病死于未央宫。在位16年，终年44岁，葬于渭陵。

渭陵位于陕西省咸阳市渭城区周陵乡新庄村。陵区由陵园和陪葬墓区组成。陵园为夯土城垣，平面近方形，边长400~410米。封土居陵园中央，呈覆斗形，底边长175米，顶边长50米，高25米。陵园西北380米处为孝元王皇后陵；东北350米处有孝元傅昭仪废陵；东北800米处为陪葬墓区，尚存封土12座。陪葬者有王凤、王莽妻和冯奉世等。

汉元帝渭陵（1996 年 9 月）

元帝生前曾下诏罢置陵邑，因为强迫移民而使百姓破产，引起社会动荡不安，对巩固政权已不起作用。所以，从渭陵开始，废置陵邑。

〔西汉〕成帝刘骜延陵

汉成帝刘骜（ào，前51—前7），西汉第十代皇帝。元帝子。元帝在位时被立为太子，元帝死后继位，年号建始。

成帝生活荒淫，他对善诗书的妃子班婕妤很好。后来赵飞燕、赵合德姐妹入宫受宠，班婕妤恐久见危，要求供养太后于长信宫，成帝允其所求。成帝长期怠于政事，大权逐步为外戚掌握。太后王政君的七个兄弟都封为侯。帝舅王凤、王商、王音、王根兄弟四人和王凤侄王莽相继为大司马、大将军，政事全由他们裁决。外戚贪贿掠夺惊人，他们的家财成亿，膏田满野。人民穷困已极，只有起为"盗贼"。山东、河南、四川等地相继爆发了农民和铁官徒（从事冶铁生产的刑徒）的暴动。西汉王朝已走上了崩溃的道路。

公元前7年三月，咸帝因中风病死于未央宫。在位26年，终年45岁，葬于延陵。

延陵位于陕西省咸阳市周陵乡严家沟村。陵园平面近方形，东西长382米，南北长400米。陵冢位于陵园正中，形如覆斗，底部边长173米，顶部边长51米，高31米。陵前有清陕西巡抚毕沅所书"汉成帝延陵"石碑一通。葬在延陵附近的成帝后妃有许皇后、赵皇后（飞燕）、班婕妤和马氏二婕妤。陪葬墓区位于延陵东，尚存封土七座。陪葬者见诸记载的有高阳侯薛宣一人。

汉成帝延陵（1998年9月）

[西汉] 哀帝刘欣义陵

汉哀帝刘欣(前26—前1),西汉第十一代皇帝。元帝庶孙,定陶王刘康子。成帝无子,收他为养子,并立为太子。成帝死后继位,年号建平。

哀帝即位时,西汉王朝的危机更加沉重,他任用大臣师丹、孔光、何武拟定限田、限奴婢,抑制非法兼并的方案。这个办法受到当权的外戚官僚们的反对,被搁置起来。哀帝比成帝更加昏庸,当时宫中有个十五六岁的小舍人,名叫董贤,生就一付女态,哀帝就爱上了这个蛮童,形影不离。有一次他们昼寝,哀帝要起去,而衣袖压在董贤身下,哀帝怕惊醒董贤,拔刀将自己的衣袖割断,悄然离去。此后人们讽刺宠爱男色为"断袖癖"就是这个典故。哀帝末期,起义烽火到处燃烧,连首都长安也未能例外,饥饿的群众"持火上屋,击鼓呼号"。公元前1年六月,哀帝病死于未央宫。在位6年,终年26岁,葬于义陵。

义陵位于陕西省咸阳市周陵乡南贺村东南。陵园平面方形,边长420米。陵冢位于陵园正中,呈覆斗形,底部边长175米,顶部边长55米,高30米。陵园东北620米处有孝哀傅皇后陵。陪葬墓分布于陵园四周,共有封土15座。见诸记载的陪葬者仅董贤一人。

汉哀帝义陵(1996年9月)

[西汉] 平帝刘衎康陵

汉平帝刘衎 (kàn，前9—5)，西汉第十二代皇帝。元帝孙，中山王刘兴子。3岁嗣立中山王。哀帝无子，死后他继位，年号元始。

平帝即位时，年仅9岁，由大司马王莽专权。此时，西汉王朝已衰退到极点，政治腐化，民不聊生，国库空虚。王莽运用权谋，声望日高。他将平帝母子分开，杀尽平帝舅家，以防与他争权。公元5年，平帝14岁时，王莽听说平帝露出对他不满的怨情，因此，在大臣们给平帝祝寿时，他乘机敬上椒酒毒死了平帝。王莽又声称暴病身亡。平帝在位6年，终年14岁，葬于康陵。

康陵位于陕西省咸阳市周陵乡大寨村。陵园平面呈方形，边长420米。封土居陵园中央，呈覆斗形，底部东西长216米，南北宽209米，顶部边长60米，高26.6米。封土垂直距顶部5.5米处内收成二层台 (所谓“英陵”形式，山形两重者名英)，台面东、西两边各宽6米，长93米；南、北两边各宽11.5米，长90米。陵园东南570米处有孝平王皇后陵。

汉平帝康陵(1996 年 9 月)

〔东汉〕光武帝刘秀原陵

东汉，又叫后汉。从公元25年起至220年止。

汉光武帝刘秀（前6—57），东汉开国皇帝、著名军事统帅。汉高祖九世孙，南顿（今项城县）令刘钦之子。南阳蔡阳（今湖北枣阳西南）人。新莽末年（公元22年），刘秀与其兄刘縯，抱着恢复刘姓统治的目的，举兵反莽。后加入绿林农民起义军。公元23年，绿林军攻占昆阳（今河南叶县）后，王莽派43万大军，围攻只有八九千人据守的昆阳。惊慌中，刘秀建议死守待援，并自告奋勇带领十二骑，乘夜晚杀出重围，调集援军。他又亲自率领3000精兵回攻敌军中坚部队，冲乱敌军阵营，杀死敌军统帅王寻。城内的绿林军乘势杀出，内外夹击，重创王莽的主力军。这就是历史上有名的以少胜多的“昆阳大捷”，它是推翻王莽政权关键性的一仗。刘秀从此声威大震。以后队伍逐渐壮大，先后推翻王莽、刘玄后称帝，重建汉政权，定都洛阳，史称东汉。年号建武。

刘秀

刘秀在位期间，镇压了赤眉起义军，削平了各地割据势力。统一全国后，连续多次颁布释放奴婢的诏令；下令释罪犯为庶民，减轻租税徭役，发放赈济，兴修水利；精简官吏，节约开支。十年后，全国出现了较为安定的局面，史称“光武中兴”。

光武帝原陵(1994 年 9 月)

光武帝在治理天下时，特别注重法令。他有个大姐叫湖阳公主，她的奴仆杀了人躲进公主府。洛阳令董宣不能进公主府搜查，就叫人天天在门口守着。

这天，罪犯跟随湖阳公主外出，董宣得到消息后，亲自上前拦住公主的车，公主发火了，大吼大叫。董宣当面责备公主不该放纵杀人犯，并叫手下人把凶手逮起来，宣布了罪状，当场处决。

湖阳公主立即进宫，向光武帝哭诉董宣如何欺侮了她。光武帝听了一面之词，就召董宣进宫，要责打他，替公主消气。董宣说："用不着打，让我把话说完，情愿去死!"光武帝问："你想说什么?"董宣说："我是按照皇上的法律处决凶手。因为公正执法，却要断送性命，陛下自己制订的法律，自己破坏，还怎么治理国家呢?用不着打，我自杀就是了。"说罢，向柱子撞去，皇上叫人拉住，但董宣

原陵外景(1994 年 9 月)

汉光武帝祠

已撞得头破血流了。光武帝觉得董宣是按照法律办事，说得有理，但为了顾全公主的面子，让董宣给公主磕头赔礼。董宣宁愿砍头，不肯磕头。内侍把他的头往下摁，董宣则用两手使劲撑住地，挺着脖子，硬是不低头。内侍知道皇上并不想把董宣治罪，也钦佩董宣的刚正不阿，为给皇上一个台阶下，故意大声说："董宣的脖子太硬了。"光武帝实在佩服董宣，只好笑了笑，让他去了。

光武帝一面劝姐姐回去，一面称赞董宣执法严明，还赏了他30万钱。董宣把钱分给了下面的官吏。从此，人们都称他为"强项令"（就是硬脖子的县令)。光武帝能认真维护法纪也受到人们的称颂。

公元57年二月，光武帝病死于洛阳南宫前殿。在位33年，终年63岁，葬于原陵。临终前留下遗诏说："我没有给百姓造福，丧礼一切都照文帝（西汉刘恒）那样，务必从简，不要浪费"。

原陵，亦称汉陵，是光武帝刘秀的陵园。位于河南省孟津县白合乡铁谢村。公元50年开始营建，57年葬原陵。占地4.6万平方米，南依邙山，北临黄河。墓冢高20米，周长500米。陵前有清代立"东汉中兴世祖光武皇帝之陵"石碑一通。园内有隋唐古柏1500棵，柏体杏香，俗称"杏柏"，是国内仅有的特殊乔木树种。光武祠在陵的右侧，占地2万平方米。由光武殿、28宿馆、碑廊、阙门四部分组成。殿、馆内有光武帝刘秀及辅佐刘秀打天下的32位将臣的塑像。祠前有宋、元、明、清时期石碑五通，记述原陵沿革和重修祠庙史料。

［东汉］明帝刘庄显节陵

汉明帝刘庄（28—75），东汉第二代皇帝。光武帝第四子，母为阴皇后。公元43年立为皇太子，光武帝死后继位，年号永平。

白马寺（1994 年 10 月）

明帝在位期间，一切尊奉光武制度，吏治比较清明，境内安定，对外很少用兵，减轻赋税，多次下诏招抚流民，以郡国公田赐贫人，贷种食，这使人民获得了短时期的休养生息。史家赞誉他统治时期为“天下安平，百姓殷富”。明帝以及随后的章帝在位期间，史称“明章之治”。

明帝听说西域有神，其名曰佛，于是派郎中蔡愔和博士秦景去天竺（今印度和尼泊尔的合称）取经。公元67年，蔡、秦两人邀请了两位天竺沙门（佛教高僧），用一匹白马驮着一幅佛像和四十二章佛经回到洛阳。明帝特地在洛阳建造了中国第一座佛教庙宇白马寺。

公元75年八月，明帝病逝于东宫前殿。在位18年，终年48岁，葬于显节陵。遗诏吩咐“丧事从简，不准奢费”。

汉明帝显节陵（1998 年 9 月）

显节陵位于河南省孟津县送庄乡三十里铺村西南。陵园占地6000多平方米。墓冢为圆形土丘，周长500米，高约20米。俗称“大汉冢”。陵前立清乾隆年间洛阳知县龚松林书“汉明帝显节陵”石碑一通。

〔东汉〕章帝刘炟敬陵

汉章帝刘炟（dá，58—88），东汉第三代皇帝。明帝第五子，明帝在位时被立为太子。明帝死后继位，年号建初。

章帝即位时，正值西域都护陈睦被焉耆（今新疆焉耆一带）、龟兹（今新疆库车一带）攻杀，章帝命班超还朝（班超是东汉的外交家、军事家。他曾随其兄班固编写《汉书》），他听到匈奴不断侵扰边疆时，决心投笔从戎，明帝时来到西域。都护被杀，他决心平定西域，遂上疏请兵。章帝两次派兵增援。班超先后降服了焉耆、龟兹、姑墨（今新疆阿克苏一带）、疏勒（今新疆喀什一带）、莎车（今新疆莎车一带）等地贵族叛乱。帮助西域人民摆脱了匈奴贵族的奴役，使西域重新与内地联为一体。班超威震西域，边疆安宁。章帝时期，国内社会经济继续向上发展。

章帝宠爱窦皇后，重用窦后兄窦宪和优待宦官，使外戚和宦官从此登上了政治舞台。公元88年二月，章帝病死于章德宫前殿。在位13年，终年31岁，葬于敬陵。遗诏说："葬礼依照先帝旧制，从简"。

敬陵位于河南省孟津县平乐乡平乐村北。北距显节陵1公里，俗称"二汉冢"。墓冢为圆形土丘，周长约420米，高约16米。县志记载为汉章帝敬陵。

汉章帝敬陵（1996 年 10 月）

〔东汉〕和帝刘肇慎陵

汉和帝刘肇（79—105），东汉第四代皇帝。章帝第四子，章帝在位时被立为太子。章帝死后继位，年号永元。

和帝即位时，年仅10岁，由窦太后临朝称制，外戚窦宪总揽大权。

和帝14岁时，不甘心当傀儡皇帝。由于上下都是窦宪的亲信，他就与贴身宦官郑众密谋，捕杀了窦宪，消灭了窦氏势力。史学家班固受牵连下狱而死。他撰写的《汉书》尚未完成，诏其妹班昭（曹寿妻，称曹大家）续写完成。郑众因功封侯，从此又开始了宦官干政。

和帝让宦官蔡伦掌管宫廷手工作坊，蔡伦于105年改进了造纸术。他用树皮、麻头、破布、旧渔网等做原料，制成轻薄价廉的纸，很受欢迎。人们称他造的纸为“蔡侯纸”，受到和帝的赞扬。造纸术的发明，推动了我国文化事业的发展。公元105年十二月，和帝病死于章德宫前殿。终年27岁，葬于慎陵。

慎陵位于河南省孟津县平乐乡平乐村北。北距敬陵1公里，俗称“三汉冢”。陵墓呈圆形土丘，周长220米，高10米。据县志记载考证为汉和帝慎陵。

汉和帝慎陵（1996年10月）

〔东汉〕桓帝刘志宣陵

桓帝（132—167），名刘志。东汉第十一代皇帝。章帝曾孙，蠡吾侯刘翼子。质帝9岁被毒死后，由梁太后与其兄梁冀迎立为帝。改年号为“建和”。

桓帝即位时，年仅15岁，由梁太后临朝，梁冀专权。梁冀为大将军平尚书事，专权近20年，他的宗亲姻戚充斥朝廷和郡县。他派人出塞，交通外国，广求异物。他还强占土地，兴建私人苑囿，绵延近千里。他还占夺几千口良人作奴婢，致使朝政昏乱，民不聊生，各族人民反抗斗争蜂起。公元159年，桓帝与宦官单超等人合谋消灭了梁氏。梁冀被抄的家财达30多亿，官府获得这笔巨大的收入后，得以在这一年减收天下租税。

梁冀死后，宦官独揽政权，权势达于顶点，杀人越货，与盗贼无异，政治更趋黑暗。公元166年，外戚、官员和太学生联合反对宦官干政。被宦官诬指为部党，下诏逮捕党人，禁锢终身，史称“党锢之祸”。公元167年，桓帝病死于洛阳宫中。在位22年，终年36岁，葬于宣陵。

宣陵位于河南省孟津县送庄乡三十里铺村北200米处。墓冢为圆形平顶土丘，高10米，周长320米。俗称“鳌子冢”。该墓曾被破坏，墓顶有两个盗洞，采拾得玉衣残片，可能是被盗时的遗留物。原来有墓碑，毁于文化大革命。

汉桓帝宣陵（1998年9月）

〔东汉〕献帝刘协禅陵

汉献帝禅陵(1994 年 10 月)

汉献帝刘协 (181—234)，东汉第十四代皇帝。灵帝第三子，刘辩弟。董卓废刘辩后立他为帝，年号永汉，后改中平。

献帝即位时，各地割据势力连年混战，东汉政权已经名存实亡。公元190年，汉献帝为董卓所逼，迁往长安。又驱数百万人口入关，沿路死亡无数。后董卓为王允、吕布所杀。公元196年，献帝被曹操迎归，迁都许昌，转而成为曹操的傀儡。公元220年，曹操死，其子曹丕废汉建魏。至此，东汉名实俱亡，历14帝，共196年。

刘协降封为山阳公，居住于山阳 (今河南修武县西北)。公元234年三月病死。在位31年，终年54岁，葬于禅陵。

禅陵，因汉献帝“以汉禅魏”，故名，位于河南省修武县方庄镇古汉村南。陵冢为圆丘形，高约7米，周长约250米。陵前有清乾隆五十二年 (1787年) 立“汉献帝陵寝”墓碑一通，此碑1966年被砸，1994年将残碑修复，嵌在碑楼内。碑楼前为重修的献帝庙。

献帝庙

在河南省许昌市张潘镇有汉献帝的衣冠冢，面积500平方米，高15米。后昭烈帝刘备追谥其为愍帝，又称“汉愍帝陵”。

〔三国·魏〕武帝曹操高陵

曹操

魏武帝曹操（155—220），字孟德，小字阿瞒。东汉末权臣，魏国的实际奠定者，杰出的政治家、军事家和文学家。东汉沛国谯县（今安徽亳州市）人。父曹嵩。是宦官曹腾养子。

曹操少时聪明机灵，富有权术。20岁任洛阳北部尉。黄巾起义后，任骑都尉，参与镇压颖川黄巾起义军，被命为典军校尉。公元189年，因董卓专政，逃离洛阳，至陈留（今河南开封东南），散家财，聚兵5000人，与袁绍一起讨伐董卓。公元192年，青州黄巾起义军攻入兖州，杀刺使刘岱。曹操乘机自任兖州牧，率步骑千余人，击溃黄巾军，收其精锐30万，改编为“青州军”。在随后几年中，打败袁术，攻破陶谦，平定张邈，消灭吕布，势力开始壮大。公元196年，根据毛玠、荀彧谋划，将汉献帝迎到许昌，作为傀儡。他“奉天子以令不臣”，政治上主动，号召力增强。从此，开始屯田积谷，整训部队，推广法制，抑制豪强，任人惟才是举。公元200年官渡之战，曹操以少胜多，打败袁绍10万大军，并乘胜追击，陆续攻占冀、青、幽、并四州。北征乌桓，辽东臣服，基本统一北方。

曹操高陵遗址

曹操精通《孙子兵法》。是今存为此书作注的第一人。著有兵书10万余言。善于运用古代军事学说和战略战术，“因事设奇，谲敌制胜，变化如神”。公元208年，曹操进位丞相，率军南征，试图统一南方。赤壁之战，被孙、刘联军击败。从此转向巩固北方的统治。公元213年，受封为魏公，建魏国，都于邺。魏国拥有冀州十郡之地。三年后进爵魏王，用天子旌旗，戴天子旒冕，出入得称警跸，他名义上还为汉臣，实际上已是皇帝。其子曹丕代汉后，追尊为魏武帝。曹操善于诗文，在军旅生涯中，写了大量诗歌，“老骥伏枥，志在千里，烈士暮年，壮心不已”等句传颂千古。在他奖掖、提携下，周围聚集了一批优秀的文人，出现了著名的建安文学。公元220年病死，终年66岁，葬于高陵。

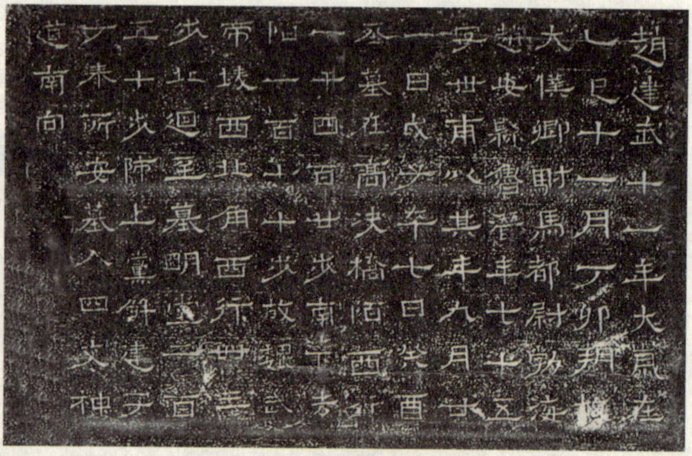
后赵鲁潜墓志拓片

曹操陵墓的确切位置，在历史上一直是个难解之谜。公元220年正月二十三日，曹操病逝洛阳，同年二月二十三日，灵柩运回邺城安葬。曹操曾于公元218年六月，颁布的《终令》曰：“古之葬者，必居瘠薄之地。其规西门豹祠西原上为寿陵，因高为基，不封不树”。这道令文提出要薄葬，并确定墓址为西门豹祠的西原上。以后各朝代史籍涉及曹操陵墓时，大多言其在邺和在西门豹祠西，而无具体方位。1998年4月，在河南省安阳县安丰乡西高穴村西北500米处，发现了十六国后赵驸马都尉鲁潜墓志，志文载：“……南下去陌一百七十步故魏武帝埈西北角……”（详见1998年6月28日《中国文物报》），按晋制一尺合现在24.2厘米，五尺为一

西门豹祠石碑(2001 年 10 月)

曹操陵墓位置示意图

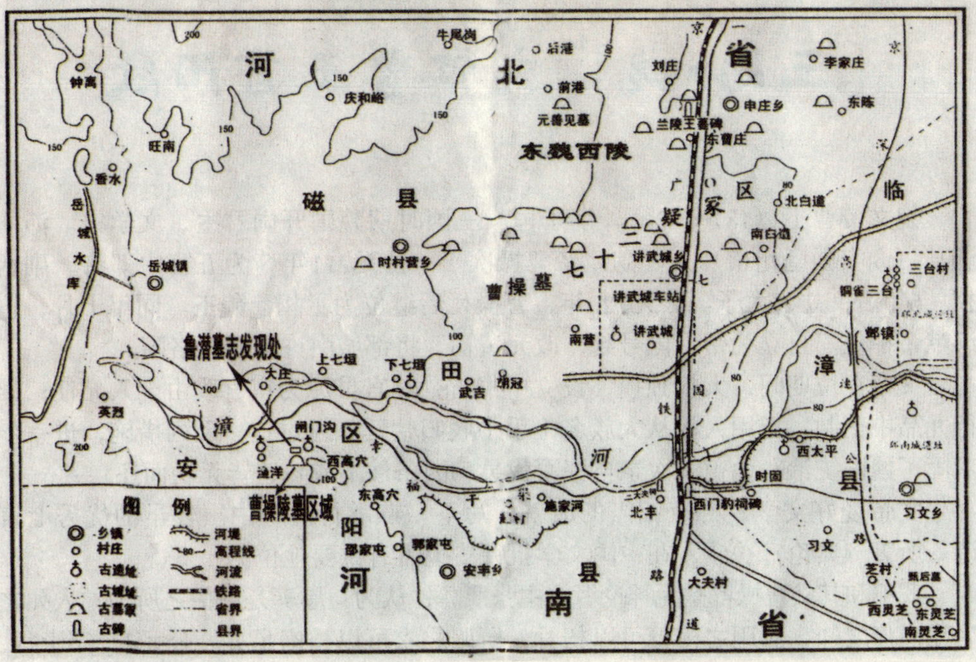

步，则一步合1.21米，170步合205.7米。按鲁潜墓志出土地点计算，曹操陵墓应在安丰乡渔洋村东600米处。这个地点，符合元遒贤《河朔访古记》“魏武帝高陵在邺镇西南三十里”和曹操《终令》“其规西门豹祠西原上为寿陵”的记载。西门豹祠位于渔洋村正东约10公里处，在安丰乡北丰村的京广铁路东侧。东汉时修建，后经历代修葺，清代毁于水患，现存宋、明、清碑碣四通。宋碑为北宋嘉祐二年（1057年）七月邺县令马益所立，其兄马需撰文。碑文颂扬西门豹治邺的不朽功绩。现为省文物保护单位。北丰村还有一个“二大夫祠”，是为纪念西门豹、史起两位邺令修建漳渠的政绩而建。该祠建于北齐天保年间。性情凶暴的北齐文宣帝高洋，曾因求雨不灵而毁掉的西门豹祠，可能就是这个“二大夫祠”。清道光十年（1830年）地震，祠圮。道光二十七年（1847年）重修，并立碑。

综合上述，对曹操高陵在渔洋村的推断应该是对的，如今后另有出土文物所证，则另有所说。

[三国·魏] 文帝曹丕首阳陵

魏文帝曹丕（187—226），字子桓。三国时期魏国开国君主、文学家。沛国谯县（今安徽亳州市）人。魏武帝曹操次子。公元211年，为五官中郎将、副丞相。6年后，立为太子。公元220年，曹操死后继位为丞相、魏王。同年十月，迫汉献帝禅位。自立为帝，国号魏，改元黄初，将都城由许昌迁至洛阳。

文帝在位期间，大权独揽，设立中书省，其官员原为宦官改由士人充任；推行九品中正制，把用人权从大族名士手中收归朝廷。通过这一系列措施，进一步巩固了魏国统治。他曾三次亲自率军伐吴，因条件不成熟，皆无功而还。

文帝爱好文学，并有相当的成就，写下《燕歌行》等中国较早的优秀七言诗。所著《典论·论文》，在中国文学批评史上占有重要地位。

曹丕和其父曹操都是无神论者。主张薄葬，认为：厚葬是愚俗之所为，人死之后无痛痒之知，所用之棺椁可以朽骨，所服之衣可以朽肉足矣。公元222年十月，“表首阳山东为寿陵”，并作《终制》：“寿陵因山为体，无为封树，无为寝殿，造园邑，通神道。”

公元226年五月，文帝病逝于洛阳宫内。在位7年，终年40岁，葬于首阳陵。

首阳陵位于河南省偃师市南蔡庄东北的邙山。《水经注》载：“河水迳平县北，南对首阳山，春秋所谓首载也。上有夷齐庙，即邙山最高处，日出先照，故名。山之南魏文帝陵在焉。”陵墓的大体方位应在西晋皇陵区以东，靠近邙山脚下，具体位置有待于考证。

曹丕首阳陵建于首阳山中(2001 年 3 月)

［三国·魏］明帝曹睿高平陵

魏明帝曹睿（205—239），字元仲。三国时魏国第二代皇帝。文帝长子。曾先后封为武德侯、齐公、平原王，文帝临终前他被立为太子。文帝死后继位。年号太和。

明帝好学多识，留意法理，能纳谏，常亲临听讼观新大狱。他也重视文士，鼓励他们从事学术研究，以利于文化事业的发展。在位之初，尚能抑制浮华。后来逐渐奢华，繁兴百役，大营宫室。公元238年，命司马懿率军伐辽东，平定公孙渊，使辽东归入魏国版图。

公元239年正月，明帝病重，立养子曹芳为太子，命司马懿和曹爽辅佐。即日病逝于洛阳宫内。在位14年，终年35岁，葬于高平陵。

高平陵位于河南省汝阳县内埠乡茹店村东南800米处。占地面积660平方米，墓呈覆斗形，高16米，周长约200米。顶部平坦，封土夯筑，墓周围发现汉魏时期瓦当、花纹砖等。《洛州志》记载为魏明帝高平陵。

有的史书记载，高平陵在洛阳县东南的大石山，即万安山（今属偃师市境）。在偃师市李村乡苇园村的万安山麓，有一座当地群众公认的曹睿墓，坐南朝北，封土略凸地面，墓上有盗洞。据说里面有石门，炸了两次未成，还伤及了盗墓者，因此作罢。此墓是否高平陵，还需考证。《中国古今地名大辞典》载：“大石山，一名万安山，南麓曰黄花堆，亦名黄华山，有范仲淹墓”。范仲淹墓位于伊川县东北，由此往南9公里是朱温墓，再往南8公里即茹店村的高平陵，三座陵墓大致呈南北一条直线。这座高平陵，与史籍所载“高平陵在洛阳县南”的方位是吻合的。

曹睿高平陵(1998年9月)

〔三国·魏〕元帝曹奂墓

元帝曹奂（246—302），字景明，初名曹璜。三国时魏国第五代皇帝。曹操孙，燕王曹宇子。公元258年封安次县常道乡公。公元260年五月，司马昭杀高贵乡公曹髦后，于同年六月立他为帝，改元景元。

元帝在位期间，政事皆决于司马昭。公元263年，遣邓艾、钟会两路伐蜀，次年灭蜀。公元265年，司马昭死，其子司马炎代魏称帝，废元帝为陈留王，魏亡，历5帝，共46年。他先被迁往金墉城（今河南洛阳市内）居住，后又命他迁居邺城。公元302年，元帝病死于邺城，在帝位6年，终年57岁，葬于邺。

元帝曹奂墓位于河北省临漳县倪辛庄乡赵彭城村。墓已残破，高约5米，周长约80米。墓前有1980年元月1日临漳县人民政府立“曹奂墓”文物保护碑一块。

曹奂墓（1995年4月）

〔三国·蜀〕汉昭烈帝刘备惠陵

刘备

汉昭烈帝刘备（161—223），字玄德。蜀汉开国君主。涿州人。汉中山靖王刘胜后代，因是汉献帝的远房叔父，故有人称他“刘皇叔”。

刘备少孤贫，以贩草鞋、织席为业。不爱读书，喜结交豪杰，与关羽、张飞在桃园结拜为生死兄弟。因镇压黄巾起义军有功，被授安喜尉。因与郡督邮冲突，弃官亡命。在军阀混战中，先后投靠公孙赞、陶谦、曹操、袁绍、刘表等人，寄人篱下。

刘备是个雄心勃勃的人，想实现自己的抱负，苦于没有一个好助手。在屯驻新野后，便广招人才，四处访贤。听说在湖北襄阳隆中有位隐士，叫诸葛亮，比自己小20岁，有治国之才，刘备便带着关羽、张飞一同去请他出山。诸葛亮闻知刘备要来，故意躲开，以试探他的诚意。刘备第一次去没见到，第二次又扑了空，他并不泄气，第三次再登门拜访，诸葛亮终于被他感动，就在草屋接待了他。

刘备向诸葛亮陈述了自己的志向，诚恳地表示自己无能力开创局面，请他指教。诸葛亮看刘备虚心请教，就推心置腹地分析了天下形势。他说：“曹操战胜袁绍，拥有百万兵力，又挟天子发号施令，这就不能光凭武力和他争胜负了。孙权占据江东，已经三代，地势险要，百姓归附，还有一批有才能的人为他效力，也不可去侵犯。荆州和益州物产丰富，又是军事重地，现在的割据者懦弱无能，百姓也对他们不满。如果能占领荆、益两州地方，就可以形成三国鼎立的局面，将来再谋取天下，复兴汉朝。”然后，诸葛亮建议：“东联孙权，西取荆、益，南和彝越，北抗曹氏”的战略方针。刘备听了这一番精辟的分析，万分高兴，马上拜倒在地，恳请诸葛亮辅助他争夺天下。诸葛亮见他这样诚心，就跟随刘备出山。这就是历史上有名的“三顾茅庐”故事，诸葛亮的那番谈话，被称为“隆中对”。蜀国以人和著称，刘备善于团结人、使用人，史籍称刘备“弘毅宽厚，知

刘备陵寝(1995 年 9 月)

人待士，盖有高祖(刘邦)之风，英雄之器。”豪杰归者日多。他任诸葛亮为相，信任专一，言听计从，措施得宜。安定内部，实行法制，推行诸葛亮制定的国策。

赤壁之战，孙刘联合，击败曹军。刘备乘机占据湖北、湖南的大部分地区，又进占四川。公元221年称帝，国号汉，史称蜀汉，定都成都，年号章武。与魏、吴鼎足而立。公元222年，为夺回荆州，以给关羽报仇为名，大举攻吴。夷陵之战。因战略错误，为吴将陆逊击败，损失惨重。刘备逃归白帝城，第二年病重，托孤于丞相诸葛亮。公元223年，病死于白帝城。在位3年，终年63岁，葬于惠陵。

惠陵在四川省成都市武侯祠内。公元223年四月，刘备死于白帝城，五月运回成都，八月葬于惠陵。甘、吴二夫人也合葬于此。陵高12米，绕陵有圆形古砖墙一圈，周长180米。墓前有清乾隆五十三年(1788年)所立的“汉昭烈皇帝之陵”的石碑一通。由于刘备在西蜀曾经做了一些有益的事，历代都很崇奉。武侯祠与昭烈庙合而为一，是一座君臣合庙的形制。昭烈庙在惠陵的旁边，庙门大书“汉昭烈庙”的金字匾额。祠庙占地56亩，四周有红墙围绕。正殿高大宽敞，院内林木葱茏，花草繁茂。正殿之中，塑刘备像，神态谦恭。东、西偏殿有关羽、张飞的塑像。大殿后有诸葛亮殿，典雅精致，塑有诸葛亮祖孙三代坐像。

刘备惠陵(1995 年 9 月)

［三国·吴］大帝孙权蒋陵

吴大帝孙权(182—252)，字仲谋。吴国开国君主。政治家、军事家。孙坚子，孙策弟。吴郡富春(今浙江富阳)人。

公元192年孙权父战死，随兄孙策征讨江东六郡，公元200年，孙策死。继父兄基业，在张昭、周瑜等人的辅佐下，广揽人才，稳定军心，安抚百姓，巩固了江东局势。公元208年，曹操大军南下，占据荆州，孙权摈弃群臣归降之议，采纳鲁肃与周瑜的意见，联合刘备，于赤壁大败曹操。孙权靠长江天险，以后多次击退曹魏进攻。后因夺取荆州，杀死关羽，与蜀汉失和。孙权称臣于魏，被封为吴王。刘备称帝后率军复仇。孙权任命一个没有名气的陆逊为大督都，在夷陵之战大败刘备。但由于抗击曹魏的需要，以后吴蜀联盟重新恢复。长期和好，牵制了曹魏的进攻。为了防止曹操的进犯，孙权任命周泰为平虏将军，守卫长江下游军事要地濡须，总督濡须兵马。

孙权

公元229年孙权称帝，国号吴，史称东吴。都建业(今江苏南京)，年号黄武。吴国重视农业发展，设置农官，实行屯田。降服少数民族山越出山屯田当兵，促进了江南地区的开发。孙权听说夷州(今台湾)无霜无雪，四季温和，草木常青，百花常开，是一个美丽的海岛。于公元230年派将军卫温和诸葛直带领一万多人的船队到达夷州，与当地的高山族建立了友好的情谊，互赠礼品。返航时，又带着高山族数千人回到大陆。从此，夷州和大陆的经济文化联系有了进一步的发展。后来，孙权又派朱应、康泰到达林邑(越南古国)、扶南(为古柬埔寨)。两国均派使者访吴，孙权热情地接见了两国使者，从此建立了良好的睦邻关系。还让他俩把所见所闻写了《扶南异物志》

和《外国传》让人们传阅。

孙权大权独揽，用法严峻。晚年，吴国统治集团内部矛盾激化，太子和与鲁王霸相互攻讦，朝臣也分为两派，酝酿着统治的严重危机。他断然废太子和，杀鲁王霸，用严刑峻法处置一批朝臣，另立子亮为太子，矛盾得以缓和。

公元252年一月，孙权病死于建业宫中。在位24年，终年71岁，葬蒋陵。

孙权死后，吴国日趋衰弱。末帝孙皓(孙权孙)在位期间，专横残暴，奢侈荒淫，宠信佞臣，朝政昏暗，大失民心。公元280年，晋国分五路兵攻入吴境。孙皓率领文武百官出城投降，吴国亡。历4帝，共52年。至此，三国鼎立的局面最后结束，东汉末年以来近百年的分裂割据局面告终，中国再度统一。

孙权墓位于江苏省南京市东郊钟山南麓，明孝陵的前面。孙权死后与前妻步夫人葬于此，名为孙陵岗，又称吴王坟。相传洪武九年(1376年)，朱元璋营建陵墓时，中军都督府准备把孙权墓迁走，朱元璋说："孙权也是一条好汉，留着他为朕守门。"因此，孙权墓得以保留至今。孙权墓坐落在梅园之中，周围梅树成林，花草繁茂。在一座别致的石桥后面，塑有孙权立像一尊，塑像基座上书有"东吴大帝孙权"字样，在旁边的房廊中有孙权的事迹展。

孙权蒋陵(1994年12月)

〔西晋〕武帝司马炎峻阳陵

晋武帝司马炎 (236—290)，字世安。晋朝开国皇帝。司马懿孙，司马昭子。河内温县 (今河南温县西) 人。

曹魏末年，其祖父司马懿、伯父司马师、父亲司马昭相继控制朝政。司马昭死后，司马炎为相国、晋王。公元265年逼曹奂让位，代魏称帝，国号晋，定都洛阳，年号泰始，后改太康。史称西晋。

司马炎即位后，封同姓诸王，以郡为国，诸侯有兵权和税收权。希望互相维系，拱卫中央。公元280年灭吴，统一全国。鉴于曹魏末期为政严刻，风俗颓废，生活豪奢，乃“矫以仁俭”，鳏寡孤独不能自存者，赐谷人五斛，免逋债宿负 (久欠不还的债)。采取宽和节俭的方针，裁减州郡士兵，屡次责令郡县官劝课农桑。把曹魏以来的屯田民编入郡县为自耕小农，促进了农业生产的发展，全国呈现欣欣向荣的景象，被史家誉为“太康繁荣”。晋武帝后期怠惰朝事，荒淫无度。用重金修建富丽堂皇的太庙和豪华的宫殿。没有钱，就采取卖官的办法，规定官爵的价钱，根据地位高低、职位肥瘦来标定。卖官的钱全供皇帝个人挥霍。当时全国人口约1600万，而他的后妃宫女就有1万多名，他仍不满足，还下令在全国选妃。他每天乘一辆羊拉的辇车，任凭羊停在哪里，便下车在哪里宴饮和纵欲。宫女们为了争宠也施尽了手段，有的晓得羊爱吃带盐的草，便将洒上盐水的竹叶插在门上招引羊车。别的宫女见此法灵验，也纷纷如法炮制，结果羊车在这里刚刚停过，又到那里住脚，弄得晋武帝天天昏昏沉沉，如腾云驾雾一般。

司马炎峻阳陵(1998 年 9 月)

公元290年四月，司马炎病死于宫中含章殿。在位26年，终年55岁，葬于峻阳陵。

峻阳陵位于河南省偃师市南蔡庄北邙山南坡。经考古部门探测，墓道长36米，宽10.5米；墓室长5.5米，宽3米，高2米。该墓屡被盗掘，骨殖零乱，随葬品多已散失。其西侧有陪葬墓22座。

〔西晋〕惠帝司马衷太阳陵

惠帝司马衷（259—306），字正度。西晋第二代皇帝。司马炎第二子。性痴呆。9岁被立为太子，司马炎死后继位。

惠帝即位后，无能力处理国事，还闹出一些笑话。有一次，他听见池塘里蛙叫，便问太监："这些蛙叫，是为官家，还是为私家？"机灵的太监回答："在官地叫的为官家，在私地里叫的为私家。"他似懂非懂地点点头。有一年，大臣向他报告："各地闹饥荒，饿死很多百姓。"他竟然说："没有饭吃，何不食肉粥？"弄得官员啼笑皆非。

惠帝不能处理军国大事，大权由杨太后父亲杨骏独揽。皇后贾南风不满杨氏父女专权，便秘密派人联络汝南王司马亮、楚王司马玮杀死杨骏，废杨太后为庶人。接着，她又先后杀死司马亮和司马玮，夺得朝政。她在擅政期间，荒淫无度，胡作非为，政治昏暗。贾后无子，担心大权旁落，便于公元300年三月，毒死太子司马遹。统领禁军的赵王司马伦，带兵杀死贾后，废惠帝自立。各诸侯王起兵讨伐赵王伦，展开了皇族之间的混战，史称"八王之乱"。战乱长达16年，给人民带来了沉重的灾难。混战结束，七王被杀。只有东海王司马越幸存，并操纵朝政。公元306年，战乱中时废时立的惠帝，被司马越毒死。在位17年，终年48岁，葬于太阳陵。公元316年，西晋亡。历4帝，共52年。

司马衷太阳陵(1998年9月)

太阳陵位于河南省洛阳市南郊3公里的李楼乡白碛村。俗称"毛毛冢"，占地面积约80平方米，封土高约2米。相传为晋惠帝陵。

有的资料载：太阳陵在邙山南麓峻阳陵和汉魏故城之间。尚需考证。

［十六国·成汉］武帝李雄安都陵

成汉武帝李雄 (274—334)，成汉开国皇帝。李特第三子，李流侄。李流死，他继任起义军主帅。

李雄继承父李特、叔李流事业，于公元304年，带领流民起义军驱逐罗尚，攻占成都，称成都王。后称帝，定都成都，国号大成，后改汉，史称成汉。李雄在位时，轻徭薄赋，发展生产，开办学校，刑政宽和，秩序安定，政治较为清明，呈现出繁荣景象。后来政府内混入地主豪强，政治逐渐腐败。

李雄征战30多年，身上伤痕累累。公元334年六月，他头部刀伤突然复发，死于成都。在位31年，终年61岁，葬于安都陵。

安都陵位于四川省成都市武侯区簧门后街放生池。陵墓在老年活动室院内，封土呈驼峰形，残高约5米，周长约60米。地面无任何建筑。

李雄安都陵（1995 年 9 月）

[十六国·前秦]世祖苻坚墓

前秦世祖苻坚（338—385），字永固，一名文王。十六国时前秦皇帝。氐（dī）族。原籍略阳临渭（今甘肃天水东北），生于邺城。前秦高祖苻健侄，厉王苻生堂弟。苻生暴虐无道，他杀苻生后，被拥立为帝，年号永兴。

苻坚博学多才，汉文化修养较深，擅长谋略，是我国历史上少数民族的杰出人物。即位后，任用汉人王猛为谋士，加强中央集权。广兴学校，劝课农桑，发展农业生产，使前秦国成为十六国最强者。此时，苻坚渐骄，急于灭晋统一天下。公元383年，他强征北方各族人民，集合90万大军南下。当时，东晋谢安执政，谢安派谢玄等将领率北府兵8万迎战。在洛涧歼灭前秦前锋部队1万多人，在淝水东岸的八公山下，同秦军隔岸相望。苻坚登寿阳城，见晋军阵容严整，遥望八公山草木，误以为都是晋军，这就是成语“草木皆兵”的来历。晋军要求秦军稍微后移，以便过河决战。苻坚想趁晋军渡河时灭之，同意后退。然而，当秦军受命后退移动之际，队伍中突然喊出：“秦军大败!”后方一时不明真相，于是纷纷溃散。晋军趁势猛追，苻坚沮丧北逃，一路上，听到风声鹤鸣，都以为是晋军的追杀声，这又是成语“风声鹤唳”的来历。

公元385年，苻坚为部将姚苌所逼，自缢于新民（今陕西彬县）。在位29年，终年48岁，葬于彬县。

苻坚墓位于陕西省彬县西南水口乡九田村。墓区占地面积140平方米，墓冢坐南朝北。南北长21米，南头高3米，宽7米，北头高2米，宽3米，呈横宽纵狭的平面，形状像一个角锥体，当地群众称为“长角冢”。据说苻坚原来是游牧部落的人，长角即取义于畜牧牛、羊之意。墓前有清代陕西巡抚毕沅手书“前秦国王苻坚之墓”碑，乾隆四十一年（1776）立。

苻坚墓（1996年9月）

〔十六国·大夏〕世祖赫连勃勃嘉平陵

大夏世祖赫连勃勃(381—425),字屈孑。夏朝的创建者。匈奴族。原姓刘,以为帝王"微赫与天连",因而改姓为赫连氏。父刘卫辰,被前秦苻坚任为西单于,在与拓跋部的争战中被杀。勃勃逃亡后秦,受到姚兴的宠遇。任为安北将军、五原公,镇朔方(今陕西延安)。公元407年,勃勃自称天王、大单于,国号大夏,史称夏。他说自己将要统一天下,君临万邦,因定都城名为统万城(今陕西靖边县白城子)。勃勃体格魁伟,雄略过人,但凶暴好杀。他善于用兵,多次进攻南凉、后秦。公元418年攻克长安,作为南郡,自称皇帝,改年号昌武。任太子赫连璝为雍州牧,录南台尚书事,自己返回统万城。不久,他怀疑赫连璝不忠,欲废去赫连璝太子的储位。赫连璝愤而起兵,被其弟赫连昌击败、斩杀。赫连勃勃又立赫连昌为太子。

公元425年八月,赫连勃勃病死于统万城宫中的永安殿。在位19年,终年45岁,葬于嘉平陵。

赫连勃勃墓(1996年9月)

嘉平陵位于陕西省延川县南35公里稍道河乡张家山村的白浮图寺。墓呈圆丘形,夯筑。高8米,周长60米。墓北有白浮图寺庙,内塑赫连勃勃像。

［南朝·宋］武帝刘裕初宁陵

残存的刘裕陵石刻(1994 年 12 月)

宋武帝刘裕（363—422），字德舆，小名寄奴。南朝宋王朝建立者。原籍彭城（今江苏徐州），迁居京口（今江苏镇江市）。父刘翘曾为郡功曹，早亡。刘裕少贫困，以樵渔贩履为生。后投东晋北府兵为司马。镇压孙恩起义，累官建武将军。公元405年击败桓玄，独揽东晋朝政，成为有名的军事统帅。他勇悍善战，富于谋略，长于料敌，每战皆捷。公元409年，南燕末主慕容超大掠淮北，刘裕兴兵北伐。次年攻破南燕，斩慕容超，收复青、兖两州。公元411年，镇压芦循起义军。接着清除刘毅、诸葛长民、司马休之等异己势力，巩固了后方。公元413年，西攻谯纵（今四川省境内），收复巴蜀。公元416年，乘后秦内乱之机，率大军分四路北伐后秦，途经黄河，击败北魏军，翌年攻克洛阳、长安，灭后秦，封为宋王。

公元420年，刘裕灭晋建宋，年号永初，史称刘宋。刘裕称帝前后，注意节俭，不爱珍宝，不喜豪华，宫中嫔妃也少。实行抑制豪族，重用庶族的政策，为江南的经济发展奠定了基础。

刘裕在位3年，公元422年病死于建康（今南京），终年60岁，葬于初宁陵。

公元479年为专权大臣萧道成所灭。刘宋亡，历8帝，共60年。

初宁陵位于江苏省江宁县麒麟镇东北1公里，陵高15米，周围42米。原陵墓已毁，封土无存。陵前尚有石刻2件，东为天禄，西为麒麟，有部分残损，1956年进行过整修加固。整修后的天禄高3米，身长3米，宽1.2米；麒麟高2.75米，长3米，宽1.2米，尾断臀裂。两兽环目张口，舌尖上翘，两翼刻鳞翘纹，作振奋欲飞之势，浮雕精致，别具风格。初宁陵石刻为全国重点文物保护单位。

[南朝·齐] 武帝萧赜景安陵

齐武帝萧赜（440—493），字宣远，小字龙儿。南齐第二代皇帝。齐高帝长子。高帝在位时被立为太子。高帝病死后继位，年号永明。

齐朝是高帝萧道成灭宋而建齐，史称南齐。萧赜年青时常随父亲萧道成东征西讨，颇懂军事。公元447年，宋朝大将沈攸之据荆楚发动叛乱，在朝廷尚未作出决策时，萧赜就率兵占了湓口城（今江西九江县）的军事要塞，以防叛军向下游首都建康进发。萧道成得知此事后，高兴地说："萧赜真是我的好儿子啊！"萧赜即位后，还常在玄武湖（今南京市内）中给禁军讲武。他在位期间，继续推行萧道成的治国之策，恢复禄田俸佚，劝课农桑，减免赋役，赈济穷困，从宽执法，注重教育，使社会出现了相对安定的局面。

为了控制户口，提高赋税收入，齐国政府清理户籍，凡伪冒户均从户籍中剔除，并充军戍边，因此，百姓多逃亡避罪。公元485年，富阳人唐寓之聚众起义，攻陷富阳。被剔除户籍者纷纷参加。次年进占钱塘（杭州）称帝，国号吴。齐武帝派禁兵数千，战马数百讨伐，起义军失败，唐寓之被杀。但反检籍的斗争并没有停止。公元490年，政府被迫宣布"清理户籍"无效，对被发配戍边的人准许返回故乡。

公元493年七月，萧赜病逝。在位11年，终年54岁，葬于景安陵。

景安陵位于江苏省丹阳市前艾乡田家村。陵墓南向，已平。陵前尚存石兽一对，东为天禄，西为麒麟。天禄身长3.15米，高2.8米，颈高1.55米，体围3米；麒麟四足已失，风化剥蚀严重，身长2.7米，残高2.2米，颈高1.4米，体围2.51米。形体略小于天禄，显得极为矫捷灵活。兽身窈窕修长，长劲细腰，胸部突出，给人以苗条清秀之感。

景安陵遗址上的石刻

[南朝·梁] 武帝萧衍修陵

萧衍

梁武帝萧衍 (464—549)，字叔达。南朝梁的建立者。南兰陵 (今江苏常州西北) 人。南齐高帝萧道成族弟。曾任齐雍州刺史。乘南齐内部骨肉相残，起兵讨伐，先后杀南齐东昏侯、和帝后，自立为帝。国号梁，年号天监，史称萧梁。

萧衍自幼好学，博学能文，写过很多书，生活俭朴，布衣棉帐，从不饮酒。但他大力提倡佛教，不顾劳民伤财，大规模兴建佛寺。三次舍身同泰寺，均被大臣用重金奉赎。他对皇室、士族分外宽容，对劳苦大众极其严酷。以虚伪的仁慈掩盖其残暴的统治和繁重的徭役。公元547年，东魏叛将侯景降梁，萧衍不顾朝臣反对，任侯景为大将。侯景是个反复无常的人，他原是北魏刺史，后为东魏大将，叛东魏投西魏未成而投南梁。次年又叛梁，与萧衍侄萧正德勾结，攻破建康，围困台城 (宫城)。公元549年攻下台城后，绞杀萧正德，饿死萧衍。

修陵遗址石刻(1994 年 12 月)

萧衍在位48年，终年86岁，葬于修陵。

修陵位于江苏省丹阳市荆林镇三城村北。陵墓东向，已不存。陵前仅存石天禄一只，位于神道北侧。天禄身长3.1米，高2.8米，颈高1.5米，体围2.35米。呈昂首挺胸状，欲进不前，雄武有神韵。双角顺颅顶后贴，颔下有长须卷曲，垂于胸际。长尾垂地，足有五爪，右前足爪下攫一小兽。

〔南朝·梁〕简文帝萧纲庄陵

梁简文帝萧纲（503—551），字世缵，小字六通。南朝梁第二代皇帝。武帝第三子，公元531年被立为太子。侯景把武帝饿死后，立他为帝。年号大宝。

萧纲即位后，侯景专权，事无大小都由侯景裁决。萧纲无法去掉侯景，只能听天由命，萧纲喜爱诗文，为太子时，结交一些文人，描写糜烂的宫廷生活，时称“宫体诗”，曾风靡一时。

公元551年八月，侯景派人杀了萧纲的太子和宗室王侯20多人。软禁了萧纲，不久，又派人用土袋压在萧纲脸上，将他活活闷死。在位2年，终年49岁，葬于庄陵。

萧纲死，侯景自称皇帝。萧衍第七子，荆州刺史萧绎，派大将王僧辩、陈霸先攻杀了侯景，至此，侯景之乱结束。但萧氏诸王兄弟叔侄，为了争夺皇位，自相屠杀。公元557年，独揽朝政大权的陈霸先，废杀了梁敬帝萧方智，自立为帝。萧梁亡，历4帝，共56年。

庄陵位于江苏省丹阳市荆林镇三城村北，南距梁武帝修陵60米。陵东向，已平。陵前神道尚存石天禄一只。天禄仅存前躯及左前足，身高3.16米。左足五爪上张，口角边有茸毛和垂胸长须。有双翼，伸颈昂首，翼膊上方有两片羽翅向前翘起，有别于其他齐梁石兽。

残存的庄陵石刻（1994年12月）

〔南朝·陈〕武帝陈霸先万安陵

陈霸先

陈武帝陈霸先（503—559），字兴国，小字法生。南朝陈创建者。吴兴长城（浙江长兴县）人。家世寒微，出身小吏，喜读兵书，长于军事。曾镇压土著与少数民族起义，累官西江督护、高要太守。公元550年在广州起义，受湘东王萧绎（元帝）节制，至九江与王僧辩会师，率甲士3万，舟船两千乘，攻破建康，讨灭侯景，进位司空，领扬州刺史，镇京口。公元554年，西魏杀梁元帝萧绎。陈霸先与王僧辩立晋安郡王江州刺史萧方智为帝。公元555年，王僧辩又纳北齐扶植的萧渊明至建康为帝。陈霸先从京口起兵袭杀王僧辩，废萧渊明，重立萧方智为帝，并击败北齐军。公元557年，陈霸先加九锡，被封为陈国公，总揽朝政大权。同年十月代梁即皇帝位，国号陈，年号永定。萧方智被废封为江阴王。公元558年，陈霸先又派人暗杀了萧方智。

公元559年六月，陈霸先病死，在位3年，终年57岁，葬于万安陵。

万安陵位于江苏省江宁县上坊镇西北石马冲。原陵高20米，周长70余米。陈朝灭亡后，王僧辩之子王颁为父报仇，集百余人夜发陈霸先陵墓，"焚骨取灰，投水而饮之"。如此破坏，是与南朝时代争权夺势，分裂割据局面分不开的。南朝陵墓，几乎都是葬后未久即被盗掘，遗物所存无几。现在，万安陵陵前尚存石麒麟两件，北麒麟较完整，长2.6米，高2.57米；南麒麟长2.72米，高2.28米，其颈部断裂，胸部碎裂，残缺较严重。这是日本侵略军用以打靶射击所致。二麒麟有双翼无角，额须拂胸，体形较大，极富生意。雕刻简练，自具风格。

万安陵石刻（1994年12月）

〔南朝·陈〕文帝陈茜永宁陵

陈文帝陈茜（522—566），字子华。南朝陈第二代皇帝。昭烈王陈道谭长子，武帝侄，后为武帝收为养子，封为临川王，武帝死后继位，年号天嘉。

陈茜起自布衣，颇知民间疾苦。即位后，劝课农桑，贷给种粮，整顿户口，再行土断，使南方经济有所恢复和发展。在位期间萧梁的残余势力联合北齐进攻建康。他组织军民击退敌军，并乘胜收复江州（江西九江市）、郢州（湖北武昌），后又击退北周军队的进攻，在国内威望甚高。公元566年四月病逝，在位8年，终年45岁，葬于永宁陵。临终前遗诏说：自继位以来，国事艰难，连年用兵，百姓疲惫。我的丧事，务必从俭、从速，不要奢侈浪费。

南陈末代皇帝陈后主（陈叔宝）统治时期，政治日趋腐败。他荒于酒色，不恤政事，游宴后庭，制作艳诗，大建宫室，滥施刑罚。恃长江天险对强大的隋朝了无防备。以致隋军攻入建康，他还在唱《玉树后庭花》，就在这歌声中被隋朝所灭。唐李商隐讽刺他说：“商女不知亡国恨，隔江犹唱后庭花。”

隋军入城，陈后主避于井中被俘，南陈亡，历5帝，共33年。

永宁陵位于江苏省南京市栖霞镇甘家巷南狮子冲。封土无存，陵前现遗存天禄、麒麟各一。相距26米。东边的天禄，双角，颈及腰部断裂，已修复。西边的麒麟比较完整，独角双翼。长3.1米，胸宽1.45米，高2.85米。两石兽昂首迈步，舌尖上翘，颏须下垂，遍身卷毛隐起，兽身平整，魁武雄壮，姿态传神，是南朝陵墓石兽中最为健美动人的一组。

永宁陵现存的石刻(1996年10月)

［北魏］孝文帝元宏长陵

北魏孝文帝元宏（467—499），北魏第七代皇帝。鲜卑族。献文帝长子，献文帝在位时就禅让给他，年号延兴。

元宏继位时，年仅5岁，由其祖母冯太后临朝执政。

公元490年孝文帝亲政。他的汉文化修养很深，认为鲜卑族必须汉化才能巩固政权，统一南北。他排除保守势力的反对，把都城从平城（今山西大同）迁到洛阳。改革鲜卑族的旧风俗，推行以文治为中心的汉化政策。他将一百万人迁到洛阳附近，开辟新的牧场和耕地，采用汉族的先进生产技术，发展农牧业生产。下令废除鲜卑姓氏，采用汉姓，并且带头把拓跋改为元，孝文帝的名为元宏。以汉服代替鲜卑服，以汉语代替鲜卑语。鼓励鲜卑族与汉族通婚，元宏带头选汉族女子作妃子，公主也下嫁给汉人。下令立国子太学，派人抄写《四书》《五经》等书籍，供鲜卑族子弟学习。采用汉族典章礼乐。规定迁到洛阳的鲜卑人，死后葬洛阳，不得归葬平城。他还采用了汉族统治阶级的政治制度。元宏是位有作为的政治家，他的改革加速了北方各少数民族的封建化过程，促进了北方民族的大融合。《洛阳伽蓝记》称北魏后期百姓殷富，年登俗乐，衣食粗得保障。公元499年四月，元宏在南征途中，病死于军中。在位29年，终年33岁，葬于长陵。

长陵位于河南省孟津县朝阳乡官庄村东南。封土呈圆丘形，高35米，周长350米。长陵西北100米有一小冢，为文昭皇后高氏的终宁陵，俗称“大小冢”。1946年，文昭皇后墓志被盗出，墓志载：“附葬于高祖（孝文帝）长陵之右”。因此得知大冢即孝文帝长陵，小冢为文昭皇后陵。

孝文帝长陵（1994年9月）

〔北魏〕宣武帝元恪景陵

宣武帝景陵(2004 年 5 月)

北魏宣武帝元恪(483—515)，北魏第八代皇帝。元宏次子，元宏在位时被立为太子，元宏死后继位，年号景明。

元恪在位期间，北魏经南迁后的几十年经营，国内趋于安定，经济繁荣，商业兴盛。洛阳已成为国际性的商业大城市。安逸的生活使元恪很快腐化起来，嬉戏无度，不亲视朝。他又笃信佛教，广建寺院，促使佛教盛行，境内有寺院一万多座，加重了人民负担，北魏政权逐渐衰落。在位16年，公元515年病死宫中式乾殿，终年33岁，葬于景陵。

景陵大殿(2004 年 5 月)

景陵位于河南省洛阳市邙山乡冢头村东，在洛阳古墓博物馆西侧。封土呈圆丘形，墓高24米，周长314米。陵前有石翁仲两个，东西相向而立。此陵已发掘，地宫对外开放。

〔北魏〕孝庄帝元子攸静陵

孝庄帝（507—530），名元子攸。北魏第十代皇帝。北魏献文帝孙。彭城王元勰第三子。幼年侍奉明帝，封为长乐王，位侍中、中军将军。公元528年，胡太后毒杀孝明帝，车骑将军尔朱荣又将胡太后、幼主杀害后，立元子攸为帝，改年号建义。

孝庄帝即位后，尔朱荣因在京城大肆屠杀，不敢进驻洛阳而返回晋阳（今山西太原市），遥控朝政，树置亲党。孝庄帝不甘心做傀儡皇帝，便于公元530年九月，趁尔朱荣进京谒见时，将他杀死。同年十月，尔朱荣侄尔朱兆起兵复仇，攻入洛阳，孝庄帝被俘。不久，被送往晋阳，将他缢杀于三级佛寺。在位3年，终年24岁，葬于静陵。

此后，内乱不止。4年后，北魏分裂成东魏和西魏。北魏亡，历14帝，共149年。

静陵位于河南省洛阳市红山乡上寨村南。墓为圆形土丘，南面因取土已削成直壁。残高15米，周长约120米。1976年，村民在墓前挖出北魏石翁仲一件，身高3.14米。因此推定此墓为北魏孝庄帝静陵。

孝庄帝静陵（1996 年 10 月）

〔东魏〕孝静帝元善见孝静陵

东魏孝静帝元善见（525—552），东魏皇帝。鲜卑族。北魏节闵帝曾孙，清河王元亶子。公元534年，北魏孝武帝元修逃往长安。高欢立元善见为帝，年号天平。定都于邺。因邺位于长安东面，史称东魏。据有洛阳以东的原北魏领土。

孝静帝孝静陵（1994 年 10 月）

元善见即位时，年仅11岁，由高欢专权。高欢企图吞并西魏，但几次大战互有胜负。公元546病死。其子高澄又独揽大权，使元善见备受侮辱。有一次，高澄听说元善见对他有怨言，他就进宫责问，元善见笑脸相迎，并设宴招待。高澄强迫他饮酒，元善见谢绝。高澄怒骂他，元善见实在不能忍，就斥责他道：“朕连饮酒也不能自己作主，还活着干什么?”高澄命人将他揍了一顿。后来，高澄被部下杀死，其弟高洋执掌朝政。孝静帝有文才，仪表很美，力能挟石狮以踰墙，善弓箭，百发百中。嘉辰宴会多命群臣赋诗，从容沉雅，有孝文帝之风。公元550年高洋废孝静帝，后又将其毒死。在位17年，终年28岁，葬于孝静陵。东魏亡，历1帝，17年。

孝静陵正门（1994 年 10 月）

孝静陵位于河北省磁县申庄乡前港村东南，俗称天子冢。墓区基本呈方形，南北长1325米，东西宽1300米。陵区内的建筑物早已不存。封土呈圆丘形，坐北朝南。高25.3米，周长750米。是北朝陵寝建筑比较宏伟的一座。

〔西魏〕文帝元宝炬永陵

永陵前倒伏的石刻(1994 年 9 月)

西魏文帝元宝炬（507—551），西魏皇帝。鲜卑族。北魏孝文帝孙，京兆王元愉之子。公元534年，北魏孝武帝元修逃到长安，被宇文泰所杀，次年七月，立元宝炬为帝，定都长安，年号大统。因长安位于邺的西面，史称西魏。

文帝在位期间，宇文泰为大丞相，独揽朝政，任用汉人，推行均田制，创立了寓兵于农的府兵制。社会安定，国力日趋强盛，有效地抗击了东魏的多次进攻。元宝炬在位17年，公元551年三月，病死于宫中的乾安殿，终年45岁，葬于永陵。

文帝死，其子元钦（废帝）为帝。元钦密谋要除掉宇文泰。消息走漏，宇文泰废黜元钦，将其毒死。立其弟拓跋廓为帝，是为恭帝，逼恭帝复姓拓跋。公元556年宇文泰病死，其子宇文觉袭职专权。第二年，宇文觉逼恭帝禅位，自己称帝。不久，又毒死恭帝。西魏亡，历3帝，共23年。

永陵位于陕西省富平县留古乡大冢何家村。封土呈圆丘形，底径约80米，高13米。陵前神道原置大量石刻，为南北朝时期的石刻艺术珍品，除部分迁藏西安碑林外，多数毁于20世纪60年代。陵前仅存形如獬豸的石刻一件，高2米多，伫立昂首，张口嗔目，造型古朴庄重。陵东侧有陪葬墓一座，陪葬者一说为帝妹平原公主明月。据传，文帝出殡日，平原公主送葬时暴死，遂陪葬陵侧。当地至今仍有姐妹回避给兄弟送葬的民俗；另一说为废帝元钦或恭帝元廓。

魏文帝永陵(1994 年 9 月)

〔北齐〕文宣帝高洋武宁陵

武宁陵前的石人(1997年5月)

北齐文宣帝高洋（529—559），字子进。北齐第一个皇帝。渤海县（今河北景县）人。高欢次子。东魏时封齐王，公元550年代魏自立。国号齐，定都邺城，年号天保，史称北齐。

北齐继承东魏所控制的地盘，占有晋、冀、鲁、豫及苏北、皖北地区，以后又把势力伸展到长江边。高洋在位期间，重用汉人杨愔，改定律令，修订《麟趾格》，又立九等户制，富者税其钱，贫者役其力。使北齐国力达到鼎盛。当时农业、盐铁业、瓷器业都相当发达，是同南陈、北周鼎立的三个国家中最富庶者。高洋后期，生活荒淫，花天酒地，随便杀人，以此为乐。公元559年十月，因患肠胃病死去，在位10年，终年31岁，葬于武宁陵。

武宁陵位于河北省磁县城关镇前湾漳村。原墓高30米，直径150米。解放初期曾在墓顶停落过两架直升飞机。墓前神道有一石人，高4.06米。另一石人早年埋入地下，故湾漳村又称“石人湾漳村”。因烧砖取土，到20世纪70年代封土被挖平。1987年被发掘，出土千余件陶俑，其中两件侍卫俑高1.5米。是磁县北朝墓中出土最大的两件。

文宣帝武宁陵(1997年9月)

〔隋〕文帝杨坚泰陵

隋文帝杨坚（541—604），隋朝开国皇帝。西魏大将军杨忠之子，弘农华阴（今陕西华阴东）人。15岁时因父亲的功勋被授官散骑常侍、车骑大将军、仪同三司，封成纪县公。周武帝时进位大将军。长女为北周宣帝皇后。宣帝死，8岁静帝继位，杨坚入宫辅政。任丞相，封隋王，总揽军政大权。公元581年代周称帝，国号隋，都长安，年号开皇。

杨坚

文帝勤于政务，自奉甚俭，体恤民间疾苦，在封建帝王中颇不多见。公元594年，关中饥荒，百姓吃糠，他命改变自己的膳食，暂不饮酒，不吃肉。他的三儿子秦王杨俊在外面造了华丽的宫室，他发觉后大怒，下令将杨俊禁闭起来。大臣杨素等劝谏说处罚得太重了，他说：“皇子与百姓只有一个法律，如不这样，是不是要再立一个皇子法律？”文帝严明执法，使豪强官吏不敢过分作恶，贪污行为减少，社会秩序安定，人民守法意识增强。齐州有个小官，名叫王伽，押送李参等70多犯人去京城途中，他见护送的民夫一路辛苦，就遣散民夫，释放李参等犯人，约定日期到京城会齐，他说：“如果你们失约，我只有代你们去受死了。”到了期限，70余人一个不少。文帝听了非常惊异，宣布赦免李参等人的罪行，召见王伽，对他爱民之心大为赞赏，并下诏要官吏学习王伽。

公元589年隋灭陈，统一了全国。隋朝疆域，东、南皆至海，西至且末，北至五原，结束了近300年的分裂局面，这是隋文帝的一大历史功绩。

文帝在位期间，对政治、经济和军事进行了一系列的改革：推行均田制，奖励生产，减免徭役，统一货币和度量衡，整顿户籍，从而扩大财政收入；改革体制，创立三省六部，加强了中央集权；精简行政机构，取消州郡自选僚佐之权，九品以上的地方官由中央任免；制定《开皇律》，废除了一些酷刑，减去死罪八十一条，进一步缓和了阶级矛盾；开创科举制度，以考试取士，选有才能的人到中央授官；整顿府兵制，实行兵农合一化，加强中央对军队的控制权。文帝创立的隋制，成为以后各封建王朝沿袭、遵循的样板。这些改革，使隋国强盛，人口激增，府库充盈，经济繁荣。隋文帝是一位较好的政治家和军事家。但在晚年大兴土木，营建宫室，制造冤狱，屠戮功臣，加剧了社会矛盾。604年七月，在病中被次子杨广害死。在位24年，终年64岁，葬于泰陵。

泰陵墓碑

泰陵位于陕西省咸阳市杨陵区王泉乡王上村。陵园平面呈方形，东西长756米，南北宽652米。封土呈覆斗形，高27.4米，底边东西长166米，南北宽152米；顶部东西长48米，南北宽38米。陵前有清乾隆年间陕西巡抚毕沅书“隋文帝泰陵”石碑一通。

隋文帝泰陵（1994 年 9 月）

〔隋〕炀帝杨广陵

隋炀帝杨广（569—618），一名英。隋朝第二代皇帝。文帝次子。公元604年杀文帝后继位，年号大业。

炀帝即位后，发展科举制，设置进士科。亲征吐谷浑，在西北地区设置四郡。在历代开凿的运河基础上，又历时6年，沟通了海河、黄河、淮河、长江、钱塘江五大水系，全长两千多公里，便利了南北交通和经济、文化联系，当时运河上“商旅往返，船乘不绝”。对维护全国统一和中央集权起到了促进作用。

隋炀帝是中国历史上著名的浪子、暴君。他即位后每年征发重役，营建东都洛阳，开运河，筑长城，修驰道。十余年间被征发扰动的农民不下一千万人次，造成“天下死于役”的惨象；他三游江都（今江苏扬州市），两巡塞北，一游河右，三至涿郡，还在长安、洛阳间频繁往返。他去江都乘四层大龙舟，各种官船几千艘，纤夫8万多人，三次进攻高丽，均告失败，伤亡惨重。炀帝穷兵黩武，荒淫昏乱，天下愤怒，农民起义已遍及全国。公元618年三月，宇文化及等人，煽动军士缢杀炀帝。杨广在位14年，终年50岁，葬于炀帝陵。

隋炀帝陵位于江苏省邗江县槐泗乡槐二村。炀帝死后，初殡于宫内流珠堂。唐高祖即位后，以帝礼葬于今址。墓地原有碑，后被毁坏。清嘉庆十二年（1807），浙江巡抚阮元重新立“隋炀帝陵”碑一通。建国以后多次整修，恢复了甬道和东侧墓台。墓地长46.8米。宽32.5米。封土高3米，周长37.7米。墓区槐柏成林，修葺完整。

隋炀帝陵（1994 年 12 月）

〔隋〕恭帝杨侑庄陵

隋恭帝杨侑 (yòu，605—619)，隋朝第三代皇帝。炀帝孙，杨昭子。封为代王。炀帝外出巡游时，命他留守长安。公元617年十一月，李渊自太原起兵攻入长安，立他为帝，年号义宁，遥尊炀帝为太上皇。炀帝死，李渊逼杨侑退位，自行称帝。隋亡，历3帝，共38年。杨侑在位半年，公元619年死亡，谥恭皇帝。终年15岁，葬于庄陵。

庄陵位于陕西省乾县阳洪乡乳台村南500米处，俗称“方陵”。封土呈覆斗形，底部东西长82米，南北宽76米，残高15.8米，夯层厚19~21厘米。《乾州新志》载：“今城东北六里有隋太子庄陵”。一说为乾陵陪葬墓。

隋恭帝杨侑庄陵(1996 年 9 月)

[唐] 高祖李渊献陵

李渊

唐高祖李渊(566—635)，字叔德。唐朝开国皇帝。祖籍陇西成纪(今甘肃秦安县)人。父李昞(bǐng)为北周安州总管，母为隋文帝独孤皇后姐，李渊是隋炀帝表兄。7岁袭封唐国公，后任太原留守。李渊素有大志，他看到隋朝即将败亡，又深晓炀帝猜忌嗜杀，政局动乱，难于自保，便于公元617年五月起事。破霍邑，渡黄河，十一月攻入长安。立代王杨侑为帝，自揽大政。次年，废杨侑自立为帝，国号唐，都长安，年号武德。

高祖即位后，消灭各地割据势力，统一了全国。在位期间，颁律令新格，定均田租庸调法。置军府，复州县制，发行"开元通宝"钱币，定唐前期制度规模。公元626年，李世民发动"玄武门之变"，迫使高祖禅位，尊为太上皇。高祖在位9年，后病死，终年70岁，葬献陵。

献陵位于陕西省三原县徐木乡永合村。封土呈覆斗形，高19米，底边东西长130米，南北宽110米；顶部东西长30米，南北宽10米。陵前有石碑一通(字迹不清)，石虎一只，造型凶猛，栩栩如生，是唐代早期石刻珍品。

唐高祖献陵(1994年9月)

献陵前的石刻(1994年9月)

〔唐〕太宗李世民昭陵

李世民

唐太宗李世民（598—649），唐朝第二代皇帝。高祖次子。隋末，他劝其父起兵反隋。唐朝建立后，封为秦王，任尚书令。他领兵先后镇压了窦建德、刘黑闼（tà）等农民起义军，消灭了薛仁杲、王世充等割据势力。李世民在统一全国的过程中功业超过其兄李建成和弟李元吉，但身为次子，不能继承皇位。太子建成亦知世民终不肯为人下，于是以世民为一方，以建成、元吉为一方，展开了争夺皇位继承权的斗争。建成曾在宴请世民时，在酒中下毒，致使世民险些丧命。公元626年六月四日，李世民在玄武门（皇宫的后门）设下埋伏，发动政变。李世民射死太子李建成，尉迟敬德射死齐王李元吉，消灭了东宫和齐王府的卫队。此次政变，史称“玄武门之变”。接着李世民逼高祖退位，自己称帝，年号贞观。

唐太宗昭陵（1994 年 9 月）

唐太宗即位后，以“亡隋为戒”，居安思危，任用贤良，虚怀纳谏。实行轻徭薄赋、疏缓刑罚的政策，并且进行了一系列政治、军事改革。他的进步性政策和措施符合历史发展的规律，终于促成了社会安定，生产发展的升平景象，史称“贞观之治”。

太宗执政的最大特点就是能知人善任，即使是投降他的人，他都充分给予信任和重用，鼓励群臣犯颜直谏。“玄武门之变”后，唐太宗派人把曾为李建成当谋士的魏征找来，沉着脸问他：“你为何在我们兄弟之间挑拨离间?”魏征神态自若地说：“那时候我是太子的谋士，当然要为他出谋划策。可惜太子没有听我的话，否则，他不会落到今天的下场。”太宗听后认为他坦率正直，很有胆识，是个人才，非但不治罪，还任他为谏议大夫，专门负责向朝廷提意见。

有一次，唐太宗问魏征：“历史上的人君，为什么有的人明智，有的人昏庸?”魏征回答说：“兼听则明，偏听则暗。治理天下的人君如果能够采纳下面的意见，那么下情就能上达，他的亲信要蒙蔽也蒙蔽不了。”太宗很赞赏魏征的话，并打个比方说，君主好像玉石，良臣却是巧匠，玉石虽美，还靠巧匠雕琢，才成宝器。

贞观中期出现了盛世，大臣们都极力歌颂太宗，只有魏征保持清醒的头脑，他给太宗指出十个缺点，希望他警惕。太宗把这个奏章写在屏风上，以便早晚阅读，引为戒鉴。

公元643年，魏征病逝，太宗十分悲痛，说：“魏征死了，我失去了一面镜子!”第二年，唐太宗亲征高丽，给中朝两国人民带来灾难，最后无功而还。太宗十分感叹地说：“假如魏征在世，他一定不会让我有这番举动的!”

唐太宗以虚怀纳谏著称于世，贞观一朝谏臣云集，魏征是最杰出者，前后所奏二百余事。

由于太宗善于纳谏，他在位前期，军国大事很少有错误。

唐太宗还实行开明的民族政策，被少数民族尊为“天可汗”。公元634年，吐蕃的赞普（意即王）松赞干布遣使于唐，请求通婚。

昭陵祭坛（1994 年 9 月）

经过一番周折，唐太宗决定以宗室女文成公主和亲吐蕃。公元641年派人送文成公主入藏，松赞干布亲迎于河源（今青海兴海东南），并在吐蕃为公主修建了唐式宫室。文成公主带去了一些工匠、乐队和大批书籍、生产工具、种子、手工艺品、药物等等，为发展藏族经济文化做出了贡献。至今西藏的大昭寺和布达拉宫，还供奉着她和松赞干布的塑像。这次和亲揭开了汉藏两族友好交往的序幕，具有伟大的历史意义。文成公主在吐蕃生活了40年，死后与松赞干布合葬于藏王陵（今西藏琼结县）。

昭陵御祭碑

唐太宗是位杰出的政治家、军事家和开明皇帝。但毕竟具有阶级和历史的局限性，他在晚年，缺点暴露得越来越多。逐渐骄傲自满，奢侈放纵。在位23年，公元649年五月，病死于宫中含风殿，终年52岁，葬于昭陵。

昭陵位于陕西省礼泉县东北22.5公里的九嵕山上，是唐太宗亲自选定的墓地。九嵕山孤耸回绝，山势突兀，海拔1188米。昭陵建于公元636—649年，历时13年，开创了唐陵“依山为陵”的制度。陵区由陵园、下宫建筑、祭坛和陪葬区等组成，占地约200平方公里，是唐代具有代表性的一座帝王陵寝。据记载，以寝宫为中心，四周回绕墙垣，四隅建立楼阁，北为玄武门，南为朱雀门。由于山洪冲刷，如今的山陵建筑已荡然无存。陵前陪葬墓187座，呈扇形展开，衬托出昭陵至高无上的气概。陪葬者有皇亲国戚和文武大臣，其中人们熟知的有魏征、李靖、李勣、尉迟恭、秦叔宝、程知节、房玄龄等。昭陵因山凿石为玄宫，从墓道至墓室深230米，前后安置五道石门，墓室内部“宏丽不异人间”，并设有东西两厢，列置许多石匣，内装随葬品。傍山缘崖修有栈道，悬绝百仞，至达玄武门。诗人杜甫《重经昭陵》中写道：“陵寝盘空曲，帝子守翠微。再窥松柏路，还见五云飞。”可见当时昭陵不但险峻，而且已是松柏成荫了。昭陵在五代时期曾被军阀温韬盗掘。

〔唐〕高宗李治乾陵

乾陵地宫(1997 年 9 月)

唐高宗李治(628—683)，字为善，小字雉奴。唐朝第三代皇帝。太宗第九子。长孙皇后所生。性懦弱。公元631年封晋王，公元643年立为太子，太宗死后继位，年号永徽。

高宗即位之初，由顾命大臣长孙无忌及褚遂良等掌握朝政。太宗女高阳公主的丈夫房遗爱，因谋夺其兄遗直爵位与遗直相讼，被高宗贬为房州刺史。公元653年，房遗爱、荆王李元景及吴王李恪等谋反。事发，遗爱被杀，元景、恪及高阳公主等均赐死，高宗帝位由此得到巩固。公元657年，高宗派大将苏定方等率军西征，攻灭西突厥。以其地分置 陵、蒙池二都护府。唐代的版图，以高宗时为最大。

高宗即位后，纳武则天入宫为昭仪，公元655年废王皇后，立武氏为皇后。

乾陵门阙(1998 年 9 月)

他在位期间，颁新律（即《永徽律》）。订定《律流》。时尊礼大臣，问百姓疾苦，史称“永徽之政”，有贞观遗风。高宗晚年患风眩病，目不能视，难于操持政务，皇后武则天协助裁决政事，逐渐掌握朝政，称“天后”，朝廷内外称他们为“二圣”。从此武则天成为掌握实权的统治者，高宗处于大权旁落的地位。公元683年十二月，高宗病死于宫中，在位34年，终年56岁，葬于乾陵。

乾陵无字碑

乾陵是唐高宗李治和武则天的合葬墓也是中国历史上惟一一座同时葬有两位皇帝的陵墓。位于乾县城北6公里的梁山上，是唐十八陵中迄今保存最好的一座陵墓。规模宏大，气势雄伟。占地约20万亩。寝宫位于梁山山腰，墓道长为63.1米，宽3.9米。全部用石条填砌，共39层。每层石条之间都用铁栓板固定，并用铁浆灌注。神道北高南低，长约4公里，有石刻114件。武则天为了纪念参加唐高宗葬礼的少数民族首领和外国特使们，刻成61尊石人像列于陵前。他们穿紧袖衣，腰束宽带。足蹬皮靴，两手前拱，以示祈祷。明时刘伯温曾作诗道“蕃王俨侍立层层，天马排行势欲腾。”就是描写他们的雄姿。石刻南端，东西对峙各有土阙，遥望似乳头，俗称“奶头山”，是乾陵的天然门户。依山为阙，气势雄伟，实为渭北唐十八陵中所独见。乾陵周围分布许多陪葬墓，仅陵园东南就有17座，已发掘5座，对外开放。

乾陵右侧使臣雕刻

［唐］中宗李显定陵

唐中宗李显 (656—710)，又名李哲。唐朝第五代皇帝。高宗第七子。初封周王，后改封英王。其兄李贤 (章怀太子) 被武则天废黜后，他被立为太子。高宗死后继位，年号嗣圣。

李显即位后，朝政为武则天把持。由于他重用韦皇后亲戚，在位才两个月，就被武则天废为庐陵王，软禁于房州 (今湖北省房县) 14年，只有韦氏陪伴，相依为命，尝尽了人世的艰难。韦氏常劝慰他说：“祸福无常。”使他在逆境中坚持活下来。患难夫妻，感情深厚。公元705年，被大臣张柬之等拥立复帝位，复国号为唐，改年号为神龙。

李显复帝位，立韦妃为皇后，允其参政，韦后与武则天侄宰相武三思结成了一股强大的势力，左右朝政，陷害忠良，大卖官爵。公元710年，韦后的淫乱生活被揭发后，她怕李显查究，就在蒸饼中下毒药，毒死了李显。中宗先后两次在位，共6年，终年55岁，葬定陵。

定陵位于陕西省富平县宫里乡狮子窝村的凤凰山中峰。端详山势，极似凤翔，故称凤凰山。依山为陵，玄宫凿建于山南麓。陵园为夯筑城垣，平面近似方形，东西长约1250米，南北宽约1180米；四面各辟一门，以四神命名，四隅建角楼。神道长623米，原神道自南而北依次为华表、翼马各一对，仗马三对，翁仲五对，“蕃民”石像及立狮各一对，无字碑一通。大部分毁于20世纪60年代，现仅存石狮、石人七件。陪葬墓原有封土15座，现存10座。

唐中宗定陵石刻(1996年9月)

[唐] 睿宗李旦桥陵

唐睿宗李旦 (662—716)，又名李旭、李轮。唐朝第六代皇帝。高宗第八子，武则天幼子，封豫王。公元684年二月，武则天废中宗，立他为帝，年号文明。

李旦即位后，一切军国大事都由武则天临朝处理，他只能听武则天的安排，居于深宫，不得参政。公元690年武则天称帝，废李旦，封他为皇嗣，改姓武。公元705年，中宗复位，封他为相王，立为皇位继承人。中宗被毒死后，韦后立温王李重茂为帝，并欲加害相王李旦。临淄王李隆基 (李旦子) 发动羽林军攻入宫中，诛死韦后，清洗韦氏和武氏集团的残余势力，拥立李旦即位。此后李旦妹太平公主因拥立之功而大权在握。李旦复位后，立李隆基为太子，因此引起了姑侄之间的权力之争，造成政局不稳，政事昏暗。公元712年七月，李旦禅位于太子李隆基，自称太上皇。公元716年六月，病死于宫中的百福殿。两次在位共8年，终年55岁，同年葬桥陵。

桥陵位于陕西省蒲城县西北坡头乡安王村的金炽山，占地29顷90亩，为盛唐帝陵的代表。桥陵修建如此之大，主要有两点：一是唐玄宗李隆基为报答父亲李旦禅位之恩，故修建规模宏大的陵墓；二是桥陵建于开元盛世，国力充足。陵墓在正峰东坡半山腰，凿山为陵，封口石条约3900块，其中有以千字文为编序的石条共14块，使用铁栓板套接，铅浆灌注，砌封坚固。现在地面石刻有石人、石兽等38件，是唐代石刻中的珍品，有“桥陵石刻甲天下”之称。

唐睿宗桥陵（1996 年 9 月）

〔唐〕玄宗李隆基泰陵

唐玄宗李隆基 (685—762)，也称唐明皇。唐朝第七代皇帝。睿宗第三子。初封楚王，后改封临淄郡王。公元712年，受禅即位。年号先天，后改开元。

玄宗即位不久，太平公主又阴谋发动宫廷政变以废玄宗，玄宗得到密报，与郭元振、高力士等人先发制人，赐太平公主死，尽诛其余党。

玄宗英武，善骑射，通音律、历象之学，擅长八分书，多才多艺。他早年是一个英明果断的皇帝，亲身经历过复杂的斗争，深知安定的政局来之不易。他任用贤才，擢同州刺史姚崇为相，姚崇提出抑权倖、纳谏诤、行仁政、息兵武、礼大臣等建议，玄宗一一采纳。他先后用贤相多人，毁乘舆服玩，在行政、财政、军事诸方面进行了一系列改革。社会秩序安定，生产获得发展，民间出现粮食丰溢、布帛充盈的景象，唐朝进入全盛时期，史称“开元盛世”。

玄宗晚年，自以为天下太平，骄傲怠惰，生活淫逸。61岁时，宠幸杨贵妃。杨贵妃，小字玉环，原为玄宗第十八子寿王瑁妃，玄宗召为女官，后封贵妃。玄

唐玄宗泰陵(1996 年 9 月)

泰陵前石刻(1996 年 9 月)

宗整天与杨贵妃寻欢作乐，尽量满足她的奢望。杨贵妃要吃鲜荔枝，玄宗命从岭南用快马运送入京。杨贵妃晓音律，善歌舞，玄宗召大诗人李白进宫为她写歌词。李白不满宫中的腐败现象，得罪了杨贵妃和宦官头目高力士，被礼送出京。玄宗怠问政事，用奸诈的李林甫为相，后又用杨贵妃的远房堂兄杨国忠为宰相。信用胡人安禄山，任他为平卢、范阳、河东三镇节度使，并让杨贵妃收他为干儿子。公元755年，安禄山以讨伐杨国忠为名，与史思明发动叛乱，史称“安史之乱”，叛军直逼长安。玄宗急忙西逃，行至马嵬坡，禁军哗变，杀杨国忠，并逼玄宗缢杀了杨贵妃。后人指责玄宗无情，不该把事变责任推卸干净，让杨贵妃一人负罪。晚唐诗人罗隐诗曰：“马嵬杨柳绿依依，又见鸾舆幸蜀归。泉下阿环应有语，这回休更罪杨妃。”清林则徐诗曰：“六军何事驻征骖，妾为君王死亦甘。抛得蛾眉安将士，人间从此重生男。”

玄宗对我国音乐、舞蹈、戏曲的发展有过重要贡献。他自幼就喜爱歌舞戏剧，称帝后，建立了一个戏曲活动中心，地点选在梨园，所以历来的戏曲艺人都尊李隆基为梨园祖神或戏曲圣人。

玄宗晚年忧郁寡欢。公元762年四月病死于神龙殿。在位44年，终年78岁，次年葬于泰陵。

泰陵位于陕西省蒲城县保南乡敬母山村的金粟山。玄宫凿建于南山麓。陵园平面略呈方形，东西1680米，南北1700米；四面各辟一门，以四神命名，四隅建角楼。神道自南而北依次为华表、翼马、鸵鸟、仗马、翁仲等石刻。陵前有清陕西巡抚毕沅书“唐元宗泰陵”石碑一通（“玄改元”，乃避康熙帝玄烨名讳)。陵东南有高力士陪葬墓。

〔唐〕肃宗李亨建陵

唐肃宗李亨（711—762），曾名嗣升、浚、玙、绍，小字阿奴。唐朝第八代皇帝。玄宗第三子。曾被封为忠王。公元738年被立为太子。马嵬坡兵变后，被玄宗任为天下兵马元帅，领朔方、河东、平卢节度使，负责平叛。公元756年在灵武即位，尊玄宗为太上皇，改年号为至德。

建陵石刻

肃宗即位后，任用郭子仪和李光弼分别任朔方节度使和河东节度使，统兵进讨，又借来回纥兵，先后收复西京长安，东京洛阳，曾约定“克城之日，土地士庶归唐，金帛子女归回纥。”致使洛阳遭受很大破坏。

肃宗任用宦官李辅国操纵军政大权，使宦官势力日益嚣张。他又宠信张皇后，纵容她干预朝政。公元762年初，肃宗患病，不能上朝。不久玄宗病死，使他的病情加重。张皇后欲谋杀太子李豫而立李亨次子越王李系，消息走漏，李辅国带领禁兵入宫抓住李系等人。张皇后闻变，逃入肃宗寝宫躲避，李辅国带兵追入寝宫，将张皇后拖出宫去。肃宗因受惊吓病情突然加重，当天死于长生殿。在位6年，终年52岁，葬于建陵。

唐肃宗建陵（1998 年 9 月）

建陵位于陕西省礼泉县建陵乡凉马村的武将山南麓，以山为陵。陵区由陵园、下宫及陪葬墓区等组成。陵园四隅尚存角楼基址，东、西、南、北四墙直线分别长1524米、1373米、1050米和879米。四面各辟一门，以四神命名。神道长763米，自南而北依次为华表、翼马、鸵鸟、仗马、翁仲等石刻造像。陵园西南2.2公里有下宫遗址。陵园南偏西为陪葬墓区，原有封土6座，今仅存郭子仪墓一座，亦近夷平。

[唐] 代宗李豫元陵

唐代宗元陵门阙(1996年9月)

唐代宗李豫(727—779),初名俶,后改名豫。唐朝第九代皇帝。肃宗长子。唐玄宗诸孙百余人,李俶最长,颇为玄宗钟爱,立为嫡孙。15岁时,封广平王。安史之乱爆发,随肃宗至灵武。被任为天下兵马元帅,以讨"安史"。李豫与郭子仪等率唐军,在回纥兵的援助下,先后攻克长安、洛阳,被封为楚王,公元758年被立为太子。肃宗死后,被李辅国等拥立为帝,年号宝应。

代宗即位后,由宦宫李辅国、程元振、鱼朝恩先后掌握兵柄,专权用事。辅国对代宗说:"陛下只须深居宫中,外面的政事由我来处理。"代宗虽不快,但因他手握禁军,不敢轻率,仍尊他为"尚父",凡事请他参与决定。以后代宗先后将他们或罢免或处死,不再用宦官掌兵权。公元763年,平定"安史之乱"。但藩镇割据局面继起,中央已无力控制据地自雄的节度使,吐蕃、回纥也常来侵扰,唐朝由兴盛转向衰落。代宗信奉佛教,他认为只要虔诚礼佛,万事可以逢凶化吉,因祸得福。因而,怂恿寺院占有许多良田美宅。公元779年五月,代宗病死于宫中紫辰内殿,在位17年,终年53岁,葬于元陵。

元陵前倒伏的石刻(2003年10月)

元陵位于陕西省富平县西北15公里的庄里乡与齐村乡之间的坛山之阳,依山为陵,封阙开阔。陵区周围20公里,陵园尚有残毁石刻13件。代宗长子李适曾想竭财厚葬元陵,由于安史之乱后财政拮据,大臣令孤峘力谏不可,德宗接受他的建议,从俭埋葬,因此,元陵的修建不如前几帝。

［唐］德宗李适崇陵

崇陵前石刻

唐德宗李适（kuò，742—805），唐朝第十代皇帝。代宗长子。762年，被代宗任为天下兵马元帅，封鲁王，以讨“安史”。安史之乱平定后，以元帅功拜尚书令。公元764年立为太子。代宗死后继位，年号建中。

德宗即位之初，颇思励精图治，减乐工，损服玩，禁止宦官受贿，罢诸处岁贡，政局为之一新。公元780年，采纳宰相杨炎的建议，宣布废除租庸调制及一切苛杂，实行两税法，按户等征居人之税，按土地征田亩之税。新税制适应了土地集中、贫富不均的情况，具有进步意义。德宗也试图裁抑藩镇割据势力，加强中央集权。但社会、政治条件并不成熟，反而引起一场大乱，长安被占领，德宗出逃奉天（今陕西乾县）。后又奔走梁州（今陕西汉中）。直到平定叛乱，他才返回长安。此后，他对强藩巨镇的父死子代，据地称雄，再也无可奈何。公元805年正月，太子李诵突然中风口哑，李适因悲伤过度而起病，不久病死于宫中会宁殿。在位26年，终年64岁，葬于崇陵。

崇陵位于陕西省泾阳县蒋路乡东埝村的嵯峨山南。周围约20公里，墓冢高突，用青石块垒砌，浇灌生铁汁，卡有铁栓板，极为坚固。据说陵墓是在一支九瓣铁莲花的中央，占据莲花心，表示穴位正，风水好。石刻虽遭破坏，但大部分仍存，自陵前朱雀门以南为石人十对、石马五对，朱雀一对、飞马一对、华表一对。石刻前有清代陕西巡抚毕沅书“唐德宗皇帝之陵”石碑一通。

唐德宗崇陵（1996 年 9 月）

〔唐〕顺宗李诵丰陵

唐顺宗李诵（761—806），唐朝第十一代皇帝。德宗长子。曾被封为宣王。公元779年被立为皇太子。他对宦官专权和宫市等扰民行为不满，常与王叔文、王伾等筹划改革政治，留意物色人才。德宗死，李诵带病继位，年号永贞。

顺宗即位后，大赦天下。任用王叔文、王伾为翰林学士，领导改革，起用韩泰、韩晔、柳宗元、刘禹锡、陈谏、凌准、程异、韦执谊等革新派改革德宗以来的弊政。罢免贪酷的京兆尹李实，减免一些捐税，罢进奉宫市，史称“永贞革新”。又筹划夺取宦官手中的兵权，派老将范希朝去接管神策军（皇帝的禁卫军），神策军将领大都是宦官的亲信，拒绝交出军队。以权阉俱文珍为首的宦官勾结藩镇势力，对改革进行反扑，以顺宗多病、口哑为由，逼顺宗禅位于太子李纯，称太上皇。王叔文被贬后赐死，王伾外贬后病死，柳宗元等八人均被贬为外州司马，史称二王八司马。改革百余日，以失败而结束。顺宗在位8个月，公元806年病死，终年46岁，葬于丰陵。

唐顺宗丰陵遗址前华表残部
（1996年9月）

丰陵位于陕西省富平县曹村乡陵前北堡村的金瓮山南麓。山势雄姿，极似卧虎。陵园周围20公里。曾因取石，暴露长5米，宽2.4米的一段石砌羡道，推知玄宫规模小于一般唐陵。陵园遗迹所存无几，原有石人、石马、石狮、鸵鸟、翼马、华表等石刻50件，现仅存石狮、华表各一件，均残。陵山前有清乾隆四十一年（1776）陕西巡抚毕沅书“唐顺宗丰陵”石碑一通。下宫遗址位于陵南，今不知其详。陵园东南陪葬有庄宪王皇后墓，封土已平。

〔唐〕宪宗李纯景陵

唐宪宗李纯 (778—820)，初名淳。唐代第十二代皇帝。顺宗长子。公元788年封为广陵郡王，公元805年立为太子。顺宗被逼内禅，李纯即位，年号元和。

宪宗是唐朝后期较为有作为的皇帝，其政绩主要有两方面：一是政治上有所改革，二是暂时平定了一些藩镇。

在位期间，整顿江淮财赋，以增加财政收入。采纳李绛、白居易等人的建议，下诏蠲 (juān) 租税、出宫人、绝进奉，禁止南方掠卖奴婢。重用主张裁抑藩镇的大臣杜黄裳、武元衡、李吉甫、裴度等人，讨平了藩镇的叛乱，使其他藩镇相继降服，全国出现了暂时的统一。宪宗被后人誉为唐代的“中兴之主”。

宪宗是宦官拥立的，因此不抑宦官。晚年好神仙，求长生不老药，因多服金丹性转躁急，宦官往往获罪。公元820年正月，宪宗为宦官陈弘志、王守澄等人谋杀。伪称皇上“误服丹石，毒发暴崩”。在位15年，终年43岁，葬于景陵。

景陵是唐宪宗李纯的陵墓，位于陕西省蒲城县西北7.5公里的三合乡义隆村北的金炽山，依山为陵。占地20顷30亩，现在长3280米，宽105米。陵内陪葬有懿安郭后、孝明郑后和王贤妃。陵内有石人、石马、石狮、鸵鸟、独角兽、华表等石刻38件，体积高大，气势雄壮，代表了我国古代造型艺术隆盛时期的风格，但多已残损。朱雀门内有清陕西巡抚毕沅书“唐宪宗景陵”石碑一通。

唐宪宗景陵（1996 年 9 月）

〔唐〕穆宗李恒光陵

唐穆宗李恒(795—824)，初名宥。唐朝第十三代皇帝。宪宗第三子。曾被封为建安王，后进封遂王。公元812年立为太子。宦官杀死宪宗后立他为帝，年号长庆。

穆宗即位后，于公元821年与吐番议和，立《长庆会盟碑》，边境得以安宁。但他生活奢侈，嬉戏无度，尤其喜欢看戏，朝中大事根本不关心。他亲信佞庸，疏远忠臣，削弱军力，法制无章。又加征两税，增加百姓负担。唐朝从唐玄宗重用高力士开始，宦官逐渐参政。发展到最厉害的时候，立君、弑君、废君如同儿戏。唐代自宪宗起，有八个皇帝是宦官拥立的，穆宗就是其中之一，所以他很自然就成为傀儡皇帝。有的宦官讲："最好以声色狗马蛊惑皇帝之心，使他不了解朝政。"穆宗经常由太监陪伴游玩、围猎。朝廷的腐败，使已降服了的藩镇，又有一些复叛，恢复独立状态。有一次穆宗与太监玩球，忽然一匹惊马直奔穆宗而来，虽有左右救护，但他受此惊吓得了病，两脚抽搐不能着地。他也长期服用金石，以致身体受损，公元824年正月病死于宫中清思殿，在位4年，终年30岁，葬于光陵。

光陵是唐穆宗李恒的陵墓，位于陕西省蒲城县北10公里的翔村乡光陵村的尧山，依山为陵。占地面积16顷92亩，陵地长3600米，宽123米。穆宗墓冢在半山腰，陪葬墓在陵的前面，陪葬着恭僖王皇后和贞献萧皇后。陵前尚有石人、石马、石狮、华表等石刻31件，但多已残损。遗址内有清陕西巡抚毕沅书"唐穆宗光陵"石碑一通。

唐穆宗光陵(1996年9月)

〔唐〕敬宗李湛庄陵

唐敬宗李湛（810—827），唐朝第十四代皇帝。穆宗长子。初封为鄂王，后封为景王，公元823年被立为皇太子，穆宗死后继位，年号宝历。

敬宗即位时，年仅16岁，内有王守澄、梁守谦等宦官揽权，外有李逢吉、牛僧孺专政，一切听从宦官和朝臣的摆布，成为一个驯服的工具。他与穆宗一样，满足于奢侈放纵的享乐生活，根本不关心国事，每天连形式上的上朝，也经常迟几个时辰。日事游宴、击球、奏乐、角抵，大肆赏赐教坊乐宫，大臣很少得以进见。有的朝臣劝谏他要勤于政事，被他当廷轰出。朝政昏暗，有的藩镇脱离朝廷，割据一方，人民反抗也不断发生。长安城内有个叫张韶的染工，组织百余人，藏在柴草车内，混进宫门，拔出兵器，杀向朝堂。敬宗正和太监玩球，仓皇逃到神策军营，起义军被禁卫军包围，全部牺牲。事后，敬宗依然只顾游玩饮宴。他平时爱玩徒手格斗，小太监常被摔得头破血流，致使宦官怀恨。公元827年十二月被宦官杀死，对外谎称暴病而亡。在位3年，终年18岁，葬于庄陵。

庄陵位于陕西省三原县陵前乡柴家窑村。陵园平面呈方形，东西长490米，南北宽480米。四面各辟一门，四隅建角楼。神道长460米，自南而北依次排列华表、翼马、鸵鸟、翁仲等石刻造像。夯筑封土居陵园中央，呈覆斗形，底边长57米，高17米。前立清代陕西巡抚毕沅书“唐敬宗庄陵”石碑一通。陵区尚存残破石刻18件。

唐敬宗庄陵（1996年9月）

〔唐〕文宗李昂章陵

唐文宗李昂(809—840)，本名涵。唐朝第十五代皇帝。穆宗次子，敬宗弟。封江王。敬宗被杀，宦官假造遗旨，迎宪宗子、绛王李悟入宫为帝。两天后，宦官王守澄、梁守谦又派人杀死绛王，立李昂为帝，年号大和。

文宗在藩邸时，喜读《贞观政要》，即位后，勤于延见朝臣，以求治道。但当时皇帝的生死立废全操在宦官之手，于是，他决心翦除。文宗提拔王守澄引荐的李训、郑注为翰林侍讲学士，常与两人密谋清除宦官势力。公元835年任郑注为凤翔节度使，作为京师外援，李训为宰相，逐步打击宦官，先后将与杀害宪宗有关宦官杨承和、王践言、陈弘志、王守澄等处死。不久，左金吾将军韩约伪奏其院内石榴树夜有甘露。百官称贺，说是祥兆。文宗遣宦官仇士良、鱼志弘等前往验看，李训预先已伏兵该处，不料为仇、鱼发觉，宦官拥皇帝退往后宫，并与朝官展开搏斗，结果，朝官败，宦官胜。大臣李训、郑注等人全家被杀。这次事件史称“甘露之变”。文宗因此被软禁，朝中政事皆取决于宦官。文宗曾慨叹不如周赧王与汉献帝，因“赧、献受制强臣，今朕受制家奴”。以致抑郁成疾。公元840年正月病死于太和殿，在位14年，终年32岁，葬于章陵。

章陵位于陕西省富平县雷村乡箭杆岭村的天乳山南麓。依山为陵。陵园四面各辟一门，四隅建角楼。神道长500米，原有石刻50件。今陵园尚存部分遗址，余均毁平。石刻仅存华表、翁仲、控马人及仗马各一件，均残。下宫遗址位于陵南，今不知其详。陵东南陪葬有杨贤妃墓，封土早年夷平。

唐文宗章陵(1996 年 9 月)

〔唐〕武宗李炎端陵

唐武宗李炎 (814—846)，初名瀍 (chán) 。唐朝第十六代皇帝。穆宗第五子，文宗弟。被封为颍王，仇士良等伪造诏书，立他为皇太弟，文宗死后继位，年号会昌。

武宗即位时，朝廷原分成以李德裕为首的李党和以牛僧孺为首的牛党，互相排挤。武宗贬逐牛党，任李德裕为相，李党独掌朝柄。内政外事俱有改善。公元842年，接受回纥降将 没斯将吏2600余人至京师，授官有差。次年，击败回鹘乌介可汗，迎太和公主归国。武宗对宦官和藩镇稍加抑挫，籍没了仇士良的家财，出兵平定了企图割据的泽潞镇 (今山西长治)，颇振朝廷声威。当时唐朝的财力、军力薄弱，而佛寺日增，寺院土地又有免税特权，成为逃避课役者的藏身之地。因此，武宗在道士赵归真的鼓动和李德裕的支持下，下令废佛。共毁大中型寺院4600余所，小庙宇4万多处；勒令26万多僧尼还俗充两税户，没收寺院良田数千万亩。历史上有三个谥号带“武”字的皇帝 (北魏太武帝、北周武帝及唐武宗) 废佛，号称佛教“三武之祸”，也叫“三武废佛”。武宗崇信道教，晚年服用金丹，疾久未平。公元846年三月病死于大明宫，在位6年，终年33岁，葬端陵。

端陵是唐武宗李炎的陵墓，祔葬有贤妃王氏，位于陕西省三原县东北15公里的徐木乡桃沟村北。陵周围20公里，平地起冢，形制如汉陵，呈覆斗形。封土高15米，底边东西长58米，南北长60米。现存石刻有石狮两对、石马两对、石人五对、翼马一对，鸵鸟一对、华表一通，雕刻精细，栩栩如生，皆残破仆地。

唐武宗端陵(1996年9月)

〔唐〕宣宗李忱贞陵

唐宣宗李忱（810—859），初名怡。唐朝第十七代皇帝。唐宪宗第十三子，武宗叔，曾封为光王。武宗死，被宦官马元贽等人拥立为帝，年号大中。

宣宗即位后，一反武宗的作为，将早就厌恶的李德裕，贬为崖州（今海南省琼山东南）司户，后死于贬所，李党纷纷被斥。牛党入相，牛僧孺也被召还朝。牛李两党之争终于以牛党获胜结束。宣宗下令重新大兴佛教，凡灵山胜境、天下州府在会昌灭佛中被毁的寺院和庙宇，全部重新修复，僧尼招回寺院。任用裴休，改善漕运，注意安置边民，约束贪暴边将，修撰《大中刑法统类》。

唐朝后期，吐蕃内部发生乱事。公元848年，张议潮率领沙州（今甘肃敦煌县城西）人民起义，驱逐吐蕃守将，自摄州事，遣使上表唐朝廷。此后，张议潮修治兵甲，且耕且战，收复了河西领土。公元851年议潮兄议潭入朝，献上沙、瓜（今甘肃安西东南）第十一州图籍。宣宗遂于沙州置归义军，以议潮为节度使。公元859年八月宣宗病死于宫中咸宁殿，在位13年，终年50岁，葬于贞陵。

贞陵位于陕西省泾阳县西北30公里的白王乡崔黄村的仲山南麓。因山为陵，周围60公里，范围跨泾阳、淳化两县，面积近乎唐太宗昭陵。陵园依山势构筑夯土城垣，四门前均有对称的土阙和石狮一对，四隅建角楼。寝宫位于朱雀门内仲山正峰（俗称走马岭）。神道长505米，宽68米。原有石刻与丰陵相同，现存石刻有华表、翼马、鸵鸟、石马、石狮、石人等共36件。部分有残缺。

唐宣宗贞陵（1996年9月）

〔唐〕懿宗李漼简陵

简陵石刻

唐懿宗李漼（cuǐ，833—873），初名温。唐朝第十八代皇帝。宣宗长子，被封为郓王。宣宗死，被宦官拥立为帝，年号咸通。

懿宗在位时期，藩镇战争连年不绝。土地和财富的集中，使地主阶级趋向奢靡腐化，从皇帝到各级官吏的荒淫纵侈更属惊人。懿宗一味地游玩饮宴，糜费不可胜计。他不但亲迎佛骨于凤翔，大造浮图、宝帐和幡盖，而且为其女同昌公主的婚事大肆铺张。公主患了绝症而死，他怪罪医官没治好，将他们杀死。为公主殉葬的珍奇异宝达120多车。宰相路岩的亲吏边咸，其家财据说可供全国两年的军费开支。他们的财富是靠“繁刑暴赋”肆意压榨得来的。农民在土地兼并、赋税繁重，“冻无衣，饥无食”的情况下，纷纷背井离乡，转化成逃户，出现了“官乱人贫，盗贼并起，土崩之势，忧在旦夕”的严重局面。先后爆发了裘甫起义和庞勋起义，农民纷纷加入起义军，沉重地打击了唐朝的统治。公元873年七月，懿宗病死于宫中咸宁殿，在位14年，终年41岁，葬于简陵。

简陵位于陕西省富平县长春乡东窑里村的虎头山（又名紫金山）上。依山为陵，陵区周围20公里。玄宫建于山南麓。陵园平面略呈方形，四面各辟一门，门外各置石狮一对，筑阙台一对。四隅筑角楼，今东南楼遗址尚存，残高2.58米。神道长312米，原有石刻，除玄武门北有小石狮2对外，其余与丰陵相同。现残存石马一对，小石狮三座，石狮五座，石人三尊。

唐懿宗简陵

[唐] 僖宗李儇靖陵

唐僖宗李儇（xuān，862—888），初名俨。唐朝第十九代皇帝。懿宗第五子，曾封为晋王。懿宗病重时，宦官刘行深、韩文约为了便于控制，伪造遗诏立年仅12岁的李儇为太子。懿宗病死，他被拥立为帝，年号乾符。

僖宗即位后，朝政由宦官操纵。他终日外出打猎，游玩嬉戏。统治集团奢侈无度，朝政日非。此时南诏及岭南战事日剧，兵费浩繁，内藏空竭，加之黄河中游连年水、旱、蝗灾，赋敛苛重，广大农民卖妻鬻子，无以为生。农民反抗遍于各地，大起义爆发的条件终于成熟。公元875年，王仙芝发动起义，先后攻克濮州、曹州。黄巢于同年率数千人起义，两军汇合壮大了声势，困于重敛的农民参加起义者数万人。公元880年义军攻克洛阳。僖宗与宦官田令孜狼狈逃往成都，公元881年至成都，田令孜总领禁军，遂专制朝政。同年义军攻入长安，黄巢称帝，国号大齐。公元883年退出长安，后战死。僖宗于公元885年才回长安，不久，因兵乱逃往凤翔避乱，数月后回京。公元888年三月，病死于宫中武德殿。在位15年，终年27岁，葬于靖陵。

靖陵位于陕西省乾县铁佛乡南陵村，在乾陵东5公里，隔豹峪沟与乾陵东西相望。陵园平面略呈方形，南北长485~510米，东西宽480米。封土居陵园中央偏后，呈覆斗形，底边长41米，顶边长8米，高8.6米。前立清代陕西巡抚毕沅书“唐僖宗靖陵”石碑一通。神道长325米，原有石刻与丰陵同，现残存华表、翼马、石狮6件。1995年进行发掘、清理。地宫五代时被盗。残存侍臣、门吏等部分壁画，出土部分遗物。

唐僖宗靖陵（1996年9月）

〔唐〕昭宗李晔和陵

唐昭宗李晔（867—904），初名杰，又改名敏。唐朝第二十代皇帝。唐懿宗第七子，僖宗弟。初封寿王。僖宗死，他被宦官杨复恭等拥立为帝。年号龙纪。

昭宗即位时，朋党倾轧，宦官擅权，藩镇跋扈，为争夺中央大权，斗争不断，皇权衰微。昭宗痛恨宦官，他依靠朝臣孔纬、崔胤等。先后杀死杨复恭等一批宦官。公元900年，宦官刘季述、王仲先把昭宗囚禁起来，另立昭宗子李裕为帝。宰相崔胤发动神策军（禁卫军），攻杀刘季述等宦官，迎昭宗复位。昭宗又与崔胤策划诛杀全部宦官。神策军中尉韩全海（宦官），将昭宗劫至凤翔，投靠节度使李茂贞。宣武节度使朱温借机出兵，围困凤翔三年，城中大量军民冻饿而死，李茂贞只得接受朱温的条件，杀死宦官，送出昭宗。朱温拥昭宗还京，尽诛宦官数百人，持续100多年的宦官势力至此被彻底翦除。公元904年，朱温逼昭宗迁都洛阳，动身后，派人尽毁长安宫室、官府及民舍。途中，诛杀昭宗随从200余人。同年八月，昭宗在洛阳寝宫被朱温派人杀死。在位16年，终年38岁，葬于和陵。

朱温杀死昭宗，另立昭宗第九子李柷为帝，是为哀帝。公元907年，哀帝被逼禅位于朱温（次年被朱温毒死），唐朝亡，历21帝，共290年。

和陵位于河南省偃师市顾县镇曲家寨村东南约2公里景山，俗称“小冢”。东距唐太子弘恭陵1.5公里。封土已近夷平，墓上长满灌木杂草。墓高约0.5米，周长约16米。墓边有盗洞两个。原有石人一件，现已不存。已探出墓道长60米，墓室面积200平方米。

唐昭宗和陵（1998 年 9 月）图中圆洞为盗洞

〔后梁〕太祖朱晃宣陵

朱晃

后梁太祖朱晃（852—912），初名温。唐末黄巢起义军叛将，后梁王朝的开国皇帝。宋州砀山（今属安徽）人。朱温幼时，随母在萧县刘崇家当佣工。后参加黄巢起义军，随军入长安。公元882年被任为同州（今陕西大荔）防御使。不久叛变降唐，僖宗任命朱温为金吾卫大将军，充河中行营副招讨使，赐名全忠。次年，改宣武军节度使（今河南开封），加东北面都招讨使。公元884年，与李克用等联兵镇压黄巢起义军。有一次，黄巢军攻打汴州时，朱全忠向河东节度使李克用求救。李克用打败起义军回到汴州，朱全忠假意大摆酒宴，殷勤招待，李克用喝得大醉后回到驿馆安歇。朱全忠在驿馆周围埋下伏兵，断绝了出路。深夜，伏兵四起，进攻驿馆，李克用惊醒，靠几个亲兵冲出驿馆，用绳子从城墙上吊出来，逃回大营。从此，李克用跟朱全忠结下了冤仇。

朱全忠凭借汴州优越的地理条件，逐步吞并割据中原和河北地区的藩镇。公元901年被封为梁王。同年，宰相崔胤召全忠入关，谋诛宦官。宦官劫唐昭宗到凤翔，依靠节度使李茂贞。全忠攻凤翔，茂贞屡败，被迫杀死宦官，送昭宗出城。昭宗还长安后，全忠尽诛宦官，废神策军，从此昭宗为全忠控制。

公元907年，朱全忠灭唐称帝，改名晃，国号梁，史称后梁。年号开平。五代时期从此开始。朱晃对农业生产比较重视，称帝前后，革除了一些唐朝积弊，奖励农耕，减轻租税，基本上统一黄河中下游地区。朱晃酷爱女色，淫乱如禽兽，连儿媳们都得入宫陪侍。公元912年，朱晃在病中应允曲意侍候他的儿媳王氏的要求，将皇位传于其夫——朱晃养子朱友文。次子朱友珪发动政变杀死朱晃。朱晃在位6年，终年61岁，葬于宣陵。

朱友珪称帝仅8个月。朱晃三子朱友贞发动禁军兵变，友珪被逼自杀。友贞称帝后，与李存勖连年混战，屡遭大败。公元923年，李军近逼都城，友贞自杀。后梁亡，历3帝，共17年。

宣陵位于河南省伊川县白沙乡常岭村北。陵园原来规模很大，占地9.8亩，墓冢长宽各100米，高20米，四周有围墙，神道两侧有石人、石马、石羊、石狮子等。这些石刻于1958年“大跃进”时，因大炼钢铁被砸毁，无一幸存。陵墓封土毁坏严重，现存封土残高5米，周长约50平方米。

朱晃宣陵(1994 年 9 月)

〔后唐〕庄宗李存勖伊陵

庄宗李存勖（886—926），小字亚子。后唐王朝开国皇帝。沙陀部人。晓音律，善骑射。祖父朱邪赤心，被唐懿宗赐姓名为李国昌。晋王李克用长子。李克用临终前交给他三支箭说：“一箭讨燕王刘仁恭，因他背叛我降后梁；一箭击契丹，我曾与耶律阿保机结为兄弟，约定共灭后梁，他背叛我与后梁结好；一箭灭后梁，我与朱温有世仇！”

庄宗嗣位后，历行改革，整治军纪。公元913年灭燕，杀刘仁恭、刘守光父子。公元922年，驱逐南下的契丹兵出境。公元923年，在魏州（今河北大名北）即帝位，是为庄宗。国号唐，史称后唐，年号同光。同年灭后梁，迁都洛阳，统一黄河流域。公元925年，发兵灭前蜀，势力扩展至长江上游。此时，他以为父仇已报，中原已定，遂以享乐为事。庄宗亲信宦官、伶官，宦官数达千人，作威作福；伶官居中用事，败政乱国。他又重用租庸使孔谦，峻法厚赋，民众贫困，妄杀枢密使郭崇韬，猜忌大将李嗣源，致使朝官、武将、军士离心，公元926年，李嗣源据汴州（今河南开封）反。伶官郭门高（即郭从谦）也趁机发动兵变攻入宫城，庄宗中流矢而死。在位4年，终年41岁，葬于伊陵。

李存勖陵遗址(2003 年 10 月)

伊陵也称雍陵，位于河南省新安县西沃乡下板峪村的九龙口。原陵园面积6000平方米，墓冢也很高大，20世纪60年代初，封土残高尚有10余米。墓周有多处盗洞，后墓冢被夷平，石碑被砸断。如今陵墓遗址和断碑，连同下板峪村均被小浪底水库淹没。陵墓遗址后山有败仗沟，据说，庄宗曾在此打过败仗，此沟尚未被水没。

〔后唐〕明宗李嗣源徽陵

明宗李嗣源（867—933），小名邈佶烈。后唐第二代皇帝。沙陀族。应州金城（今山西应县）人。李克用养子。庄宗被杀后他继位，年号天成。

明宗出身于平民家庭，善骑术，箭法高明。他最初随李克用征战，以功升为刺史、节度使和蕃汉内外马步军总管。公元923年，领兵攻取汴梁，灭后梁。庄宗冤杀郭崇韬，又抢掠魏州军营妇女入宫，激起魏州兵变。他奉命前去镇压，在其女婿石敬瑭劝说下，与魏州变兵会合，借变兵力量，夺取汴州。公元926年四月，庄宗被乱兵杀死后，他入洛阳称帝，改名李亶。

明宗即位后，改革弊政，废苛法，均田税，杀酷吏孔谦，褒亶廉吏，杀宦官，罢宫人，伶官，注意民间疾苦，使政局小安，人民获得了短暂的喘息。但明宗也猜忌大臣，又年老多病。公元933年十一月，明宗病重。次子李从荣发动兵变，事败被杀。明宗饮恨而死。在位8年，终年67岁，葬于徽陵。

明宗死后，其子李从厚即位。不久，明宗养子李从珂杀从厚，自立为帝。公元937年，石敬瑭引契丹兵灭后唐，后唐亡。历4帝，共14年。

李嗣源徽陵（1998 年 9 月）

徽陵位于河南省孟津县送庄乡送庄村东南1公里处。墓冢为圆丘形，高12米，周长约180米。据县志记载为后唐明宗李嗣源陵。现保护较好。

[后汉]高祖刘知远睿陵

后汉高祖刘知远（895—948），后汉王朝的开国皇帝。沙陀部人，居住太原，曾与石敬瑭一起为后唐的将领。石敬瑭密谋称帝，以称儿、称臣、割地、岁输金帛为条件，求契丹主出兵助自己灭后唐。刘知远进谏，认为称臣已可，以父事之太过，只用金帛贿赂也能使契丹发兵，不必割地，否则，恐异日为中原之大患，敬瑭不从。敬瑭即位后，刘知远被任为太原留守、河东节度使。晋、辽交战期间，知远守境不出，招募军士，壮大力量。公元947年，契丹灭后晋，他在太原称帝，改国号为汉，史称后汉。年号乾祐。趁辽军北退之机，他率军进入洛阳和开封。公元948年正月，病死于汴京，在位2年，终年54岁，葬睿陵。其次子刘承祐继位时，外将连衡抗命，内部将相矛盾尖锐，承祐不甘受将相所制，外平抗命将领，内杀专权大臣。公元950年冬，又派人去谋害邺都留守郭威未成，郭威遂引兵攻入开封，承祐为近侍刺杀。后汉亡，历2帝，共4年。

睿陵位于河南省禹州市苌庄乡柏村西。原陵园辟四门，各有石狮一对，现已残损。神道东边一排石刻被破坏，西边一排被埋于地下。陵冢坐北面南，高8米，周长60米。1969年，陵冢曾遭破坏，掘出石筑墓室后被制止。1982年，照原样修复。

刘知远睿陵（2003年11月）

〔后周〕太祖郭威嵩陵

后周太祖郭威（904—954），字文仲。后周王朝的开国皇帝。邢州尧山（今河北隆尧）人。少年时孤贫，18岁应募从军，曾助刘知远建国，被任为枢密副使。刘承祐继位后，以郭威为枢密使，派他讨平李守贞的叛乱，公元950年出任邺都留守。不久，承祐对他有疑忌，派人杀郭威。郭威起兵攻入开封，灭后汉。军士裂黄旗给郭威披上，拥以为帝。公元951年郭威即位，国号周，史称后周，年号广顺。

郭威即位后，废止了后晋、后汉一些极残忍的刑法，规定罪人除犯反逆罪外，不得灭族及没收家产；对累朝极为严酷的盐、酒、皮革的禁令稍予放宽；授无主田土给数十万归中原的幽州饥民，免其差税；无主荒地听任农民耕垦为永业。郭威提倡节俭，严惩贪官，严禁军队扰民。使唐末以来极为混乱的北方社会走上安定的道路。郭威在五代确是一位较好的皇帝。公元954年正月，郭威病死于宫中滋德殿。在位4年，终年51岁，葬于嵩陵。

嵩陵位于河南省新郑市郭店乡周庄村南。陵冢呈圆丘形，高约9米，周长103米。郭威临终前对其养子柴荣说：“我若不起此疾，汝即速治山陵，不得久留殿内。陵所务从俭素，不得差配惊忧百姓，不派宫人守陵，不在陵前立石人石兽，只立一块石碑，不修下宫，陵寝不用石柱，以砖代石，用瓦棺纸衣。”所以该陵不大，陵前确无石人石兽，只有石碑一通（已无存）。

郭威嵩陵（1994 年 10 月）

〔后周〕世宗柴荣庆陵

柴荣

后周世宗柴荣 (921—959)，后周第二代皇帝，著名军事统帅。邢州龙岗 (今河北邢台) 人。姑母是郭威的柴皇后，柴荣从小住在姑父郭威家里，被收为养子。他善骑射，略通书史。年轻时做过郭家的管家，曾往来于京、洛和江陵等地，贩卖过茶叶、雨伞等，对社会积弊有所体验。民间流行的歌舞剧《小放牛》中，有一段人们熟悉的唱词："赵州桥鲁班爷修，玉石栏杆圣人留；张果老骑驴桥上走，柴王爷推车压了一道沟。"这里提到的"柴王爷"指的就是柴荣。相传他推车从赵州桥上走过的时候，由于用力过猛，以致一膝着地，至今膝盖印和车道沟还留在石桥上。郭威举兵进攻开封时，他奉命留守邺城。后周初年，封为澶州节度使、晋王。郭威无子，死后便由养子柴荣继承皇位。

柴荣是五代十国时期最有作为的帝王。他精明强干，志气宏大，决心统一中国。即位后，他在太祖改革积弊的基础上，进一步整肃吏治，均定田赋，整顿禁军，限制佛教，奖励农耕。此外，还扩建京城开封，恢复漕运，兴修水利，修订刑律和历法，考正雅乐，纠正科举弊端等。通过改革，使后周的国力、军力增强。

公元954年，北汉国主刘崇认为周朝皇帝新立，局势不稳，就率3万人马进攻中原，柴荣亲率大军到了高平 (今山西省高平县)，跟北汉军摆开了阵势。刘崇指挥北汉军猛攻周军，周军右军的将领顶不住，步、骑兵纷纷败退。情况十分危急，柴荣亲自上阵，冒着乱箭督战，又派赵匡胤和张永德两名将军，各带两千亲兵冲进敌阵。周军士兵看到柴荣沉着应战，也奋勇冲杀，一个抵上一百个，争先恐后地冲向敌阵。北汉兵就像山崩一样败下去，最后只剩100多骑兵，狼狈逃回晋阳。公元955年，柴荣伐后蜀，收秦、凤、成、阶4州；此后又三次亲征南唐，至公元958年，得南唐江北、淮南14州60县；次年，北伐攻打辽国，收复瀛、莫、易3州17县及瓦桥、益津、淤口三关。正当他要实现统一全国的愿望时，却因病不得不班师回开封。但他为日后北宋统一中原地区奠定了基础，历史上称他为“五代第一君”。公元959年六月，病死于宫中滋得殿，在位5年，终年39岁，葬于庆陵。

庆陵位于河南省新郑市郭店乡陵上村西。庆陵陵园是明朝初年开始修建的，平面为正方形，边长约200米，四周砖墙高约2米，山门高约4米，宽约3米，门额悬匾。门后神道长约80米，直通墓前祭坛。陵墓四周古柏参天，庄重肃穆。军阀混战时期，陵园遭到严重破坏，瓦砾遍地。现存墓冢为圆丘形，残高约6米，周长约80米。陵前有御制祭文碑44通，多数半截埋于土中，有九通碑散在陵上村内，碑文均为赞颂世宗的功绩。

柴荣庆陵（1996 年 10 月）

〔后周〕恭帝柴宗训顺陵

后周恭帝柴宗训（953—973），后周第三代皇帝。柴荣第四子。原封为梁王。柴荣病死后继位，沿用周太祖年号显德。

柴宗训即位时，年仅7岁，由范质、王溥等主持军国大事。以李重进兼淮南节度使，防备南唐；以韩通兼天平节度使，防守开封东北面；以赵匡胤兼归德军节度使，防守开封东面；以向训为西京（今河南洛阳市）留守，防守开封西面。

公元960年元旦，群臣正在朝贺柴宗训时，忽然有镇（今河北正定县）、定（今河北定县）两州来人报说，辽和北汉合兵南侵，范质便命赵匡胤率军北上抵御。赵匡胤到达陈桥驿后，突然发动兵变，建宋称帝。赵匡胤回开封，废黜柴宗训。后周亡，历3帝（二姓），共10年。至此五代结束，共14帝，为期54年。

柴宗训在位半年，降封为郑王。公元973年病死，终年21岁，葬于顺陵。宋代诗人李淑讽刺说："弄楯牵车挽鼓擢，不知门外倒戈回。荒坟断垄才三尺，犹认房陵半丈来。"

顺陵位于河南省新郑市郭店乡陵上村东北，葬于庆陵之侧。墓冢为圆丘形，高4米，周长约40米。后周三座皇陵前都没有石人石兽，后周皇帝能体恤民情，力行节俭，确实难能可贵，首开薄葬之举，受到后人的称赞。

柴宗训顺陵（1996年10月）

［前蜀］高祖王建永陵

前蜀高祖王建（847—918），字光图。前蜀国的建立者。陈州项城（今河南沈丘）人。王建少年时以屠牛、盗驴、贩私盐为生，后投忠武军。黄巢军进攻长安时，僖宗逃奔成都，他为“随驾五都头”之一，被宦官田令孜收为养子。后任壁州（今四川通江县）刺史，逐步占有西川、东川、汉中，成为割据势力。公元903年，受唐封为署王。公元907年朱温灭唐建后梁，他于成都称帝，国号蜀，史称前蜀，年号武成。

王建即位后，于公元909年颁《永昌历》。公元915年，取秦、凤、成、阶四州，扩境至大散关。王建不识字，却喜欢与文士谈论，优待避难于四川的亡唐文士。前蜀建立后没有大规模战争，民众得以继续进行生产。王建在位12年，公元918年六月，病死于成都。终年72岁，葬于永陵。

王建死，其子王衍继位，王衍奢侈荒淫，卖官鬻爵，贿赂成风，加重了人民的负担。公元925年，后唐李存勖发兵攻蜀，王衍降，前蜀亡。历2帝，共19年。

永陵位于四川省成都市三洞桥西北。陵墓呈圆形，高15米，直径80米，占地六亩八。地宫分前、中、后三室，中室为主室，系放棺椁之所，棺床东、西、南三面浮雕24名乐伎。后室是王建坐姿石雕像，浓眉深目，隆准高颧，神态庄重安祥。

王建永陵（1995年9月）

［后蜀］高祖孟知祥和陵

高祖孟知祥（874—934），字保裔，一作保胤。后蜀开国皇帝。邢州龙冈（今河北邢台）人。其妻福庆长公主（后追封为皇君），是后唐太祖李克用的长女，庄宗李存勖的大姐。孟知祥曾任晋王李存勖的中门使。后唐时，为太原尹、北京（太原）留守。后唐灭前蜀，因枢密使郭崇韬的推荐，拜成都尹、西川节度使。公元926年入成都，整顿吏治，减少苛税，派兵镇压各州县起义，境内渐安。后唐明宗即位后，他训练兵甲，集兵7万，以谋割据。公元932年，攻杀东川节度使董璋，并得东川地。次年，为东西川节度使，封蜀王。公元934年称帝，国号蜀，史称后蜀，年号明德。以赵季良为宰相，王处回为枢密使，李昊为翰林学士。同年，因患瘫痪病死于成都。史称其“抚民有方，驭卒有恩，待士有礼”，为后蜀政权奠定了基础。在位7个月，终年61岁，葬于和陵。

和陵位于四川省成都市北郊青龙乡石岭村的磨盘山南麓。长期以来，误为砖瓦窑。1970年被当地农民发现。经发掘，始知为后蜀孟知祥夫妇合葬墓。孟知祥墓建筑风格独特，全用青石砌成。有22级阶梯的羡道通达墓室。墓室呈圆锥形穹窿顶，地面铺石板。中间主室高8.16米，直径6.7米。室内横陈的棺台前右侧放置福庆长公主墓志铭一盒；左侧放置孟知祥玉册。主室两侧各有耳室一个，用以陈放随葬品。由于该墓早年被盗，故出土文物不多。福庆长公主墓志高1.08米，宽1.1米。

孟知祥和陵（1996年9月）

和陵墓道(1996 年 9 月)

志盖边坡，四周绕以串枝葵纹。中心部分刻篆书“大唐福庆长公主墓志”九字，志文楷书竖行，共1692字。由崔善撰文，令狐峤书丹，陈德超镌字，文笔畅茂，书法娟秀，刻工精细。从志文知，福庆长公主系后唐太祖李克用之女，庄宗李存勖之长姊。《新五代史》、《资治通鉴》诸史均谓孟知祥之妻是李克让（李克用弟）之女的说法，与志文不合，显系史书之误。

和陵墓室中的浮雕

〔后蜀〕后主孟昶墓

后主孟昶（919—965），又名仁赞，字保元。后蜀第二代皇帝。高祖孟知祥第三子。高祖死后继位，仍用明德年号，明德五年（938）改元广政。

孟昶即位后，杀以功自傲、放纵不法之旧臣李仁罕、张业等，劝农桑，置贡举，鼓励进谏，改革政事。这个时期，正值中原王朝更迭频繁，无暇西顾，后蜀得以偏安。契丹灭后晋时，原属后晋的秦（今甘肃秦安北）、成（今甘肃成县）、阶（今甘肃武都东）三州归附后蜀。他又派兵攻取凤州（今陕西凤县东），疆土遂与前蜀相同。公元955年，秦、阶、成、凤四州又为后周攻占。孟昶很会写词，他写的对联："新年纳余庆，佳节号长春。"是我国留传下来最早的对联。孟昶生活荒淫，奢侈至极，大选民女充实后宫，溺器也用七宝装饰。公元965年，北宋发兵攻蜀，孟昶投降，后蜀亡。历2帝，共32年。孟昶被降封为秦国公，任检校太师，兼中书令。同年，卒于汴京。在位31年，终年47岁，葬于旬阳。

后主孟昶墓位于陕西省旬阳县三官乡王家庄村。墓冢坐东朝西，封土呈覆斗形，底边长13米，宽约9米；顶边长约9米，宽约4米；高6米。明嘉靖《兴安州志》、清乾隆《洵阳县志》均载为五代蜀王孟昶墓。现墓已平，修成梯田，墓碑也埋入梯田中。

埋入梯田中的和陵墓碑（2001年3月）

［南唐］烈祖李昪钦陵

南唐烈祖李昪（biàn，888—943），字正伦，小字彭奴。南唐国的建立者。海州（今江苏连云港）人，少为孤儿，被吴国大将徐温收为养子，改名徐知诰。以功拜为升州（今江苏南京市）刺史，后任参知政事。徐温死后，他专权用事，封齐王。公元937年，他废吴国睿帝杨溥而称帝，国号大齐，定都金陵。次年自称为唐玄宗后裔，复姓李，改名昪，国号大唐，史称南唐。年号升元。

李昪钦陵（1994 年 12 月）

李昪自管理吴国政事以来，兴利除害，又与吴越约和，休兵息戈，在比较安定的条件下，生产迅速发展，不到十年，江淮间呈现“旷土尽辟、桑柘满野”的繁盛景象。李昪为人生活节俭，不爱声色，专心国政，常常夜以继日地处理政务。他重视教育，他在庐山白鹿洞建立庐山国学馆，置田供给诸生，后来成为历代有名的书院。他希望长寿，晚年信奉长生道术，服用丹石中毒，背上生出大疮，医治无效，公元943年三月，死于金陵。在位7年，终年56岁，葬于钦陵。

钦陵（亦称永陵），位于江苏省江宁县东善桥乡的祖堂山南麓，建于公元943年，是南唐烈祖李昪与宋皇后的陵墓。陵长21.48米，宽10.45米，高5.3米。分前、中、后三个主室和十个侧室。墓门两侧各有一个披甲持剑的武士雕像。后室顶部绘天象，地面刻河川。钦陵西50米处，是其子李璟的顺陵，故习称南唐二陵。

南唐二陵曾被盗，发掘后，出土文物600余件。现在地宫已对外开放。

［南唐］元宗李璟顺陵

南唐元宗李璟（916—961），初名景通。南唐国第二代皇帝。李昪长子。曾封为齐王。李昪死后继位，年号保大。

李璟即位后，改变了烈祖保境安民的国策，乘闽内乱，出兵灭闽，后又乘楚内乱，派兵灭楚。以致树敌太多，又损伤了国力。李璟爱好文学，常和宠臣韩熙载、冯延巳、徐铉等终日过着奢侈享乐、游宴填词的生活。他的词风格清新，如“细雨梦回鸡塞远。小楼吹彻玉笙寒。”感情真挚，意境清远，对李煜的词有一定的影响。南唐杰出画家顾闳中的名画《韩熙载夜宴图》，就是描绘了南唐宰相韩熙载夜晚宴请宾客，大家寻欢作乐的场面，也是南唐后期宫廷奢靡生活的写照。李璟在政治上是无能的，当后周进攻南唐时，他就献出了江北、淮南十四州，对后周称臣，取消年号。自此国力衰落。公元961年六月，病死于南都（江西南昌市）。在位18年，终年46岁，葬于顺陵。

顺陵地宫入口（2007年3月）

顺陵地宫

顺陵棺椁底座(2007 年 3 月)

李璟死，其第六子李煜继位，世称李后主。此时，宋已代周，南唐岌岌可危，但李后主却不理政事，纵情声色。公元975年，宋兵攻破金陵，李煜被俘，南唐亡。历3帝，共39年。

顺陵是元宗李璟和钟皇后的陵墓，位于李璟的钦陵西50米。陵长22米，宽10米，高5.42米。地宫分前、中、后三个主室和八个侧室，出土有哀册、陶俑等珍贵文物。

南唐二陵陈列馆(2007 年 3 月)

〔吴越〕武肃王钱镠陵

钱镠塑像(1997 年 10 月)

〔吴越〕武肃王钱镠 (liú，852—932)，字具美，小字婆留。吴越国的建立者。浙江临安人。

钱镠少年时曾贩私盐，后投军。公元893年因功升为镇海军节度使，902年唐封他为越王，公元907年后梁封他为吴越国王。吴越国三面受敌，他始终保持着高度的警觉。他用圆木制成枕头，熟睡时头稍微一动就落枕惊醒，称为“警枕”。他贯彻了国以民为本，民以食为天的国策。外交上，采取称臣、纳贡、联姻三项措施；政治上，内敦恭俭，外正刑赏，礼贤下士，广罗人才；经济上，建筑海塘，兴修水利，奖励垦荒，发展农桑。他又开拓杭州城郭，大兴土木，悉起台榭，有“地上天宫”之称，使杭州成为日后的风景胜地。钱氏统治的80多年中，使吴越国甲富东南，百姓安居乐业。在位40年，病死，终年81岁，葬于钱王陵。

钱镠陵园(1997 年 10 月)

钱王陵位于浙江省临安市茅山南麓，俗称太庙山。陵园入口处，为三门四柱的石牌坊，牌坊正中，由钱王后裔钱其琛亲书“钱武肃王陵”的题额。往北，进入门阙，便是金碧辉煌的钱王祠，祠上悬挂钱王34世孙钱伟长手书“钱王祠”的匾额。祠后是神道，两侧石像排列有序。封土呈圆丘形，高约2米，周长约40米。墓前立“唐故天下兵马都元帅，尚父、守尚书令兼中书令，吴越国王、谥武肃钱王墓”碑一通。墓区气度恢宏，庄严肃穆。陵园内建有州池、芙蓉亭、凌烟阁和安国楼等景点。松柏葱郁，楼亭重重，芳草碧池，鸟语花香。自然景观与人文景观巧妙的结合，使钱王陵园成为寻根祭祖、旅游观光、文化娱乐的综合性场所。

钱镠陵石牌坊(1997 年 10 月)

钱镠陵及神道(1997 年 10 月)

[吴越] 文穆王钱元瓘陵

钱元瓘陵石刻

文穆王钱元瓘（887—941）。初名传瓘，字明宝。吴越国第二代君王。武肃王钱镠第七子。钱镠病死后继位。

文穆王自幼随父征战，多次立功。8岁授盐铁发运巡官，15岁授礼部尚书。21岁奉命出兵温州（浙江温州市）攻卢佶，他率兵从小路袭占温州，擒杀卢佶。以后历任内衙都指挥使、镇海军节度使、清海军节度使、开府仪同三司兼中书令等职。即位后，减免租税，以苏民力。设置择能院，选用人才。告戒诸将不得以私恨杀人。他一生好儒学，喜招纳文士，有诗千首，选其优者300首，编为《锦楼记》，曾在士人中广为流传。但他好治宫室，奢侈靡费。公元941年，杭州大火，宫室被焚殆尽，他受惊病狂而死。在位10年，终年55岁，葬于龙山。

文穆王陵位于浙江省杭州市南山公墓内。据史料记载，文穆王墓在龙山南（即今南山公墓大门内通道附近），北宋时占地200顷，神道碑高一丈五尺。陵墓早年曾被盗掘。1965年，浙江省博物馆考古队发掘此墓，出土《石刻星座图》，刻工精细，位置准确，十分珍贵。现存于杭州碑林。20世纪末，当地政府仍按帝王陵墓规制重新修建了陵园，建有石人、石马、石供桌。墓冢在陵园中央，无封土。墓前立“吴越国文穆王墓”石碑一通。墓后建有六龙喷池，池后台上建有“仰贤亭”。整个陵园林木苍翠，景色庄严。

钱元瓘陵(2000 年 11 月)

〔闽〕太祖王审知宣陵

宣陵墓碑

闽太祖王审知（862—925），字信通，号白马二郎。闽国的建立者。光州固始（今河南固始县）人，农民出身。黄巢起义后，他与兄王潮加入王绪所率的反唐武装。同年在南安发动兵变，囚王绪自立。镇压了境内20余股武装，据有闽五州之地。公元898年王潮卒，审知继立。公元904年唐封审知为琅琊王。公元909年后梁又封他为闽王。

审知深知闽踞东南之隅，境狭地僻，难以与邻国抗衡，于是采取保境息民的立国方针，对外称臣纳贡于中原朝廷，交好邻国；对内则勤修政事，致力于发展闽地的经济文化。他能体恤民众疾苦，故当政后选任良吏，提倡节俭，轻徭薄赋，与民休息。利用泉州、福州天然良港，鼓励海上贸易，招徕外商，创办学校。审知在位期间，境内安宁，经济文化大为发展。公元925年十二月，病死于闽州。在位28年，终年64岁，葬于宣陵。

王审知死后，王氏子弟争位内讧，互相残杀，继位者均为昏君庸主，国力疲敝。公元945年为南唐所灭，历7帝，共53年。

王审知宣陵（1994 年 12 月）

宣陵位于福建省福州市郊区新店乡斗顶村。闽王初葬福州城北凤池山，公元932年迁于此。陵园内原有殿堂、牌坊及莲花、永兴二寺，闽亡均废。1429年又遭屯军盗掘，现仅存三层坟台及部分石刻。台上有两座并列的长方形砖墩，墩下为闽王及夫人任氏墓室。墩后围有坟壁，上为封土，封顶有明万历三十年（1620）立“唐闽忠懿王墓”碑一通。

〔南汉〕高祖刘岩康陵

高祖刘岩（889—942），先后改名为陟、龑、龔。南汉国建立者。刘谦庶子。刘隐异母弟，自幼跟随其兄刘隐征战，颇有军事才能。公元911年，刘隐病逝他袭职为清海军节度使。

刘岩接受杨洞潜的建议，设置幕府，招揽滞留岭前的中原文士入幕，选择贤能分授各州任刺史，各州刺史不再由武官充任。公元912年，后梁封刘岩为南平王，不久，任为清海、建武两军节度使，晋封南海王。他从杨洞潜建议与楚联姻。从此，岭南平息战事，人民得以休养生息。公元917年，刘岩称帝于番禺，国号大越，次年改为汉，史称南汉，年号乾亨。

刘岩性聪悟而奇酷，但也是个荒淫残暴之君。他造昭阳殿时，以金为顶，以银铺地。用珍珠、水晶、琥珀作装饰。为了苛敛重赋并镇压人民的反抗，他仿照地狱模式设置酷刑，有灌鼻、割舌、炮烙、支解、烹蒸等等，民众不堪其苦。

刘岩晚年刚愎自用，北伐楚，南攻交州（越南河内）。公元938年，交州之战，全军覆没，越南从此脱离中国独立。公元942年四月，刘岩病死。在位26年，终年54岁，葬于康陵。

康陵位于广东省广州市番禺区新造镇北亭村的大香山南麓。2003年发掘此墓。康陵的特点是无封土，墓穴上为砖土结构的圆坛建筑，坛体为方座圆丘，圆丘直径10.5米，高2.1米，方座边长11.5米，高0.35米。圆坛下为地宫，由封门、甬道（门洞）、前室、过道和主室组成。室内全长11米，宽3.15米，高3.3米。该墓曾多次被盗，出土有陶制品、玻璃器皿残片。在前室当门横立石哀册一通，志文楷书，首题“高祖天皇大帝哀册文”，以此证明该墓为康陵。

康陵地宫入口（1998年9月）

〔北宋〕太祖赵匡胤永昌陵

赵匡胤

宋太祖赵匡胤 (927—976)，宋朝的开创者。涿州 (今河北涿县) 人，父赵弘殷是后汉的军官。赵匡胤在后周时，因战功升任殿前都点检 (禁军司令)，兼任宋州 (今河南商丘县南) 归德军节度使，掌握了后周的兵权。后周世宗病死，其子柴宗训继位，时年7岁。公元960年元旦，得悉契丹和北汉发兵南下，宰相范质等人派赵匡胤率军北上抵御。大军行至陈桥驿 (今河南封丘东南陈桥镇) 宿营。第二天黎明，呼声大起，赵匡胤酒醉方醒，只见众将列队庭前，赵匡胤弟赵光义和赵普等人齐声说道："诸将无主，愿请点检做天子。"不等赵匡胤回答，把早已准备好的黄袍披在他身上，然后一齐下拜，高呼"万岁"。这件事，是赵匡胤策划的军事政变，史称"陈桥兵变"。接着，赵匡胤率军回师开封，逼皇帝禅位，轻易地夺取了后周政权，建立宋国。定都开封，史称北宋，年号建隆。

宋太祖以前朝武将拥兵自立为鉴，设宴招待石守信、王审琦、高怀德等禁军将领，以优厚的俸禄为条件，劝他们交出兵权，去地方上当官。石守信等很知趣地"称疾"，辞去中央军职。这就是有名的"杯酒释兵权"的故事。以后太祖又用同样的手段解除了地方节度使的兵权，派文臣代军人管理地方政事，叫"知州"。又派转运使管理各地财政，把大部分租税收交中央。全国的兵权、财政和赏罚权收归朝廷，加强了中央集权。此后，又用了十几年时间消灭了南北的割据政权，结束了安史之乱以来两百多年的藩镇割据局面，为经济发展创造了条件。

据《宋史纪事本末》载，皇太后杜氏临终时召见太祖和赵普，问太祖："你知道你为什么能得天下吗？"太祖说："这都是托祖宗的福分。"太后说："不是，这是因为周朝让幼儿当皇帝的原因。如果周朝让年长的人当皇帝，你能当上

永昌陵前的石刻

皇帝吗?你百岁后，传位给光义，光义传给光美（赵匡胤的三弟），光美传德昭（赵匡胤子），你有五湖四海之广大，若能立长君（成年人做皇帝），是国家之福呀。”二人遵命，并把遗言写在纸上，藏于金匮密封保存，史称“金匮之盟”。

公元976年十月，太祖病死于京都长春殿(后人怀疑为赵光义所害)，在位17年，终年50岁。次年四月葬于太祖自选并自己命名的永昌陵。

永昌陵位于河南省巩义市西村乡常封村西。陵园南北长546米，东西宽230米，面积12.5万平方米。陵台方形覆斗状，长、宽各48米，高8米。现存石刻44件。据史籍载，永昌陵是赵匡胤亲选的陵地。一次，赵匡胤到巩县他父亲永安陵祭拜后，登上陵园阙楼顶端，朝西北方向张弓发矢，对文武大臣说：“箭落那块地方，乃朕皇堂也。”并自命陵名为“永昌陵”。半年后，太祖驾崩。第二年将棺椁埋葬于此。

永昌陵(1994年10月)

北宋皇陵有两大特点：一是历代帝陵或居高临下，或依山面河，而宋陵相反，它面嵩山而背洛水；二是各陵地形，南高北低，置陵台于地势最低处，一反中国古代建筑逐进增高，置中心建筑于最崇高地位的常例。

［北宋］太宗赵光义永熙陵

宋太宗赵光义 (939—997)，原名匡义，即位后改名赵炅。北宋第二代皇帝。太祖弟。他曾参与陈桥兵变，拥立其兄为帝。被任为殿前都虞侯，领睦州防御使，封为晋王。太祖死后继位，年号太平兴国。

他即位后，继续进行统一战争。迫使吴越王钱俶纳土归宋，出兵灭北汉。数次攻辽，试图收复燕云十六州，均遭大败。公元979年，赵光义在高梁河 (今北京大兴县) 被辽军战败，全军溃逃。连御用器物和妃嫔都被夺去。他虽逃脱，大腿上也中了两箭。他继续加强中央集权，用文人执政。注意农田水利，鼓励垦荒，使社会生产有所发展。晚年，镇压了四川地区王小波、李顺起义。

宋太宗背弃“金匮之盟”，废弟光美为庶民，且在去均州的路上，把光美杀掉，太宗长子楚王元佐为救叔父也被废为百姓，立第三子赵恒为太子。公元997年三月，太宗病死于汴京万寿殿，在位22年，终年59岁，葬于永熙陵。

永熙陵位于河南省巩义市西村乡滹沱村东，东北距永昌陵1.5公里。坐北朝南，陵园南北长1300米，东西宽450米，面积58.5万平方米。陵台高13米，长宽各52米。现存石刻62件，有石人、石马、石象、石狮、石虎、石羊、石望柱、石凤凰、石麒麟等，形象生动，是研究宋代雕刻艺术的重要资料。祔葬有元德李后、明德李后、真宗郭后，陪葬子孙8人。

永熙陵(1996 年 10 月)

[北宋] 真宗赵恒永定陵

永定陵(1994 年 10 月)

宋真宗赵恒(968—1022),原名赵德昌。北宋第三代皇帝。太宗第三子。曾被封为韩王、襄王、寿王,后被立为皇太子。太宗死后继位,年号咸平。

他在即位之初,注意节俭,政治较为安定,社会经济也有发展。1004年,辽国萧太后、圣宗率军20万南下,直逼澶州(今河南濮阳市)。真宗用宰相寇准之计,亲至前线督战。但因畏辽,签订了"澶渊之盟",以给辽岁币银10万两,绢20万匹,结为兄弟之国,换得同辽长期维持和平关系。

在位后期,大搞迷信,广建宫观,劳民伤财,社会矛盾渐趋严重。1022年二月,病死于汴京宫中延庆殿,在位25年,终年55岁,葬于永定陵。

永定陵位于河南省巩义市芝田乡蔡庄村北。陵园坐北面南,南北长2公里,东西宽1公里。陵台长宽各60米,高10米,呈覆斗状。现存石刻有石人、石马、石象、石虎、石狮、石羊、石麒麟、石凤凰、石望柱等,共58件。陪葬永定陵的有高怀德、寇准、包拯和刘后、杨后、李后(即李宸妃)等。

永定陵神道(1994 年 10 月)右为陪葬墓

〔北宋〕仁宗赵祯永昭陵

宋仁宗赵祯(1010—1063)，原名受益。北宋第四代皇帝。真宗第六子。曾封为寿春王、升王，真宗病危时被立为太子，真宗死后他继位，年号天圣。

永昭陵神道及阙楼(1999 年 10 月)

仁宗即位时，年仅13岁，由章献太后垂帘听政。10余年后亲政。在位期间，社会经济和科学文化都有所发展。他的生活也较检点。有一次，仁宗早晨醒来对近侍说：“昨天晚上我肚子饿，很想吃烧羊。”近侍问：“陛下为何不叫臣下去采办?”仁宗说：“我如果一开口，下面就会大肆扰民，所以没有开口。”

未整修前的永昭陵陵台(1998 年 9 月)

谏官王素劝谏仁宗不要亲近女色，仁宗说：“近日确有美女进献，我很中意。”王素说：“臣今日进谏，正是怕陛下为女色所惑。”仁宗虽面露难色，但还

永昭陵石刻

是命令太监说："进献的女子，每人赠钱三百贯，马上送她们离宫。"王素说："不必如此匆忙，还是过一段时间再打发她们走为妥。"仁宗说："朕也和平民一样重感情，将她们留久了，会因为情深而不忍送她们走的。"

仁宗在位期间，冗官、冗兵、冗费严重，军队人数增至140万，为北宗养兵高峰，军费开支占财政收入的十之七八。当时西夏和辽国不断进攻，他分别以纳岁币或增纳岁币屈服于夏、辽，以此求和。为了挽救国内危机，他任用范仲淹为副宰相，负责进行改革，史称"庆历新政"。但在反对派攻击下，仁宗又罢免了范仲淹，社会危机有增无减。后来范仲淹在《岳阳楼记》中，借景抒怀，表达出自己"先天下之忧而忧，后天下之乐而乐"的开阔胸襟和宏大抱负，也渗透出他当年改革的主旨。

仁宗执政时间较长，国家比较安定，是宋代较有名气和影响的帝王之一。在位42年，1063年三月，病死于宫中福宁殿。终年54岁，葬于永昭陵。仁宗死的时候，"京师罢市巷哭，数日不绝。"在永昭陵寝宫的墙壁上有一首无名诗，道出当时人们的心情，诗云："农桑不扰岁常登，边将无功吏不能。四十二年如梦觉，春风吹泪过昭陵。"

永昭陵位于河南省巩义市市区南部。陵园坐北向南，南北长340米，东西宽230米，面积7.8万平方米。陵台高12米，冢底长宽各58米，呈覆斗形。陵园四面皆有神门及镇门石狮四对。神道两侧现存高大的石人、石羊、石虎、石马、石麒麟、石凤凰、石象、石望柱等石刻58件。陵园西北角祔葬仁宗曹皇后。

〔北宋〕英宗赵曙永厚陵

宋英宗赵曙（1032—1067），初名宗实。北宋第五代皇帝。太宗曾孙，商恭靖王赵元汾孙，濮安懿王赵允让的第十三子。仁宗无子，英宗年幼时被仁宗接入皇宫抚养。1050年为岳州团练使，后为秦州防御使。1062年被立为太子，改名曙。仁宗病死，他继位，年号治平。

英宗即位后，因病由曹太后垂帘听政。次年五月病愈，曹太后撤帘，他开始亲政。在位期间，任用旧臣韩琦、曾公亮、文彦博等。社会比较安定，与辽国和西夏没有发生战争。司马光所撰《通志》八卷，他命置局设官继续编撰，后成《资治通鉴》二百九十四卷。英宗为人，言语不多，平时常静坐无语。私生活也比较检点，历史上说他“内无嫔御”。他的家教也颇严格。他也有心于政事的刷新。即位不久，即召王安石准备重用。只是他身体孱弱，政治上虽有理想却难以实现。

1067年正月，英宗病死于汴京宫中的福宁殿。在位4年，终年36岁，葬于永厚陵。

永厚陵位于河南省巩义市区南，在永昭陵西500米。陵园坐北朝南，南北长726米，东西宽320米，面积23万平方米。陵台长宽各56米，高16米，土筑，呈覆斗形。陵墓南神道两侧现存石刻仪仗34件。陪葬永厚陵的有高后陵，高后曾历三朝，并在神宗、哲宗两朝听政，被王安石的反对派誉为“女中尧舜”。陪葬大臣有辅佐太祖以“半部论语治天下”闻名的赵普。有随太祖打天下的“贤将”曹彬。一次，有个小官犯了法，曹彬令一年后给以杖罚，有人问这是为什么?他说，因为这个小官新娶妇，要立即受罚，新妇就会被公婆认为不吉利而受虐待。陪葬的名将还有出奇制胜的狄青，镇守边关的杨延昭等。

永厚陵神道（1994 年 10 月）

[北宋] 神宗赵顼永裕陵

赵顼

宋神宗赵顼 (1048—1085)，原名仲铖。北宋第六代皇帝。英宗长子，曾被封为淮阳王、颖王，英宗病危时被立为太子。英宗死后继位，年号熙宁。

神宗即位时，当时社会危机严重，他不治宫室，不事游幸，力图改革。在一片守旧的政治气氛中，他遇到王安石，君臣之间在富国强兵总目标上取得一致的认识。1069年任王安石为参知政事，主持变法。新法推行十几年，取得了重大成就，诸如国家财政的根本好转，封建统治力量的加强，社会经济的显著发展等等，同神宗的积极支持是分不开的。但是新法触动了大地主的利益，遭到保守派官员的强烈反对。神宗表现出犹豫动摇，因而王安石当面批评他“刚健不足”，不能压下豪强兼并势力的嚣张气焰。王安石先后两次被迫辞职，王安石辞官后，神宗还是把大部分新法维持下来。他在位18年，1085年三月，病死于宫中福宁殿，终年38岁，同年十月葬于永裕陵。

永裕陵位于河南省巩义市芝田乡八陵村南。陵园坐北向南，南北长740米，东西宽330米，面积25万平方米。陵台呈覆斗形，高15米，底边长宽各52米。夯筑。神道两侧现存石刻51件。祔葬有向后、朱后、陈后、徽宗王后、明达刘后、明节刘后。陵北400米有“朝永裕陵会食宁神院碑”一通。碑高1.73米，宽1.30米，厚0.20米。北宋绍圣二年 (1095) 六月立。记载绍圣二年元月蔡文长偕其他三官员朝拜永裕陵会食宁神院。

永裕陵神道(1998 年 9 月)

[北宋] 哲宗赵煦永泰陵

宋哲宗赵煦 (1077—1100) 原名佣。北宋第七代皇帝。神宗第六子，曾被封为延安郡王。神宗病危时被立为太子，神宗死后继位，年号元祐。

永泰陵石刻

哲宗继位时，年仅9岁，由高太后执政。1093年九月，高太后病死，哲宗始得亲政。他早就对高太后不满，并有志继续神宗的新法。1094年四月，任章惇为左相。改年号为绍圣，表示决心恢复新法。以章惇为首的变法派再度掌握政权，对守旧派甚至中间派进行打击。哲宗下令追贬司马光、吕公著等，吕大防、刘挚、苏辙、梁焘、范纯仁等流放到岭南。同时，章惇等人逐步恢复免役法、保甲法、青苗法，并对新法稍稍做了一些改革。章惇、曾布又主持对西夏的开边活动。终止与西夏边界谈判，采取进筑堡寨，开拓疆土的战略，先后筑堡寨50余所，占据战略要地，屡败西夏兵，迫使西夏叩关求和。新法对内对外方面都有所继承。1100年正月，哲宗病死于汴京。在位15年，终年24岁，同年八月葬于永泰陵。

永泰陵(1996 年 10 月)

永泰陵位于河南省巩义市芝田乡八陵村南250米，在永裕陵西。陵园坐北向南，南北长730米，东西宽303米，面积22万平方米。陵冢呈覆斗形，高8米，底边长宽各48米。现存石刻55件。陵园西北祔葬皇后刘氏。

〔北宋〕徽宗赵佶永佑陵

位于河南省巩义市的永佑陵(2000 年 10 月)

宋徽宗赵佶(1082—1135)，北宋第八代皇帝。神宗第十一子，哲宗弟。曾被封为遂宁王、端王。哲宗死时无子，太后立他为帝。年号建中靖国。

徽宗继位后，重用蔡京、王黼(fǔ)、童贯、高俅、朱勔、梁师成、杨戬、李彦等人，横征暴敛，骄奢淫逸，是北宋最荒淫腐朽的皇帝。置造作局，专门制造皇室享用的奢侈品。又设苏杭应奉局，搜刮民间奇花异石，用大量船只运至开封，称为花石纲。兴建亭馆楼台，耗费巨万，霸占大量民田，国库挥霍一空，加上连年灾荒，饿殍遍野。徽宗的腐朽统治，激起了方腊、宋江等农民起义，沉重地打击了宋朝的统治地位。徽宗在艺术上有多方面的成就，他擅书法、工绘画、能诗词，书法称“瘦金体”。1125年，金军大举南侵，徽宗急忙传位给太子

位于浙江省绍兴县境内的永佑陵遗址(1994 年 11 月)

赵桓（钦宗），自称太上皇。在位25年。次年，金军攻破汴京，不久，金军北撤时，将徽、钦二帝掳走，囚禁在五国城（黑龙江依兰县），国破、家亡、身囚，又受尽了精神折磨，赵佶写下100多首悔恨、哀怨、凄凉的诗句，如："彻夜西风撼破扉，萧条孤馆一灯微；家山回首三千里，目断山南无雁飞。"1135年四月，终因不堪精神折磨而死于五国城。终年54岁。1142年八月，宋、金根据协议，将赵佶遗骸运回，葬于永佑陵。

永佑陵位于浙江省绍兴县皋埠镇牌口村，封土已不存，只有几株高大的松树标志陵墓的位置；在河南省巩义市回郭镇清易镇村西还有一座从永佑陵。1171年，金世宗以一品礼将赵佶衣冠葬于此，故此陵为徽宗的衣冠冢。现封土呈圆丘形，残高约4米，周长约30米。

五国城遗址（2003年7月）

［南宋］高宗赵构永思陵

宋高宗赵构 (1107—1187)，字德基。南宋第一代皇帝。徽宗第九子，钦宗弟。被徽宗封为康王。1126年春，金兵第一次包围开封时，他曾以亲王身份在金营中短期为人质。当年冬，金兵再次南侵，他奉命出使金营求和，在磁州 (今河北磁县) 被守臣宗泽劝阻留下，得以免遭金兵俘虏。金兵再次包围开封时，受命为河北兵马大元帅，宋廷令其率兵救援京师，但他移屯大名府 (今属河北)，以避敌锋。1127年，北宋灭亡，他于南京 (今河南商丘) 称帝，年号建炎。高宗在金军追击下不断南逃，后定都临安 (今浙江杭州市)，史称南宋。

据说，有一次赵构在长江北岸为金兵迫逼，只剩下他单身一人，在这紧急关头，有忠臣之子李马舍生忘死背着他逃到江边，又找来船只渡他过江，才使他幸免于难。事后，赵构为了标榜自己是真龙天子，有天神相助，捏造出了“泥马渡康王”的故事。他怕李马泄露底细，竟恩将仇报，把李马药哑，不久又杀了他。

宋高宗是南宋初年投降派的首领。为形势所逼，曾任用岳飞、韩世忠等主战

永思陵遗址(1994 年 11 月)

派将领抗金。经过四五年的艰苦奋战，南宋的统治才得以稳定下来。虽在防御金兵方面作了部署，但只把军事部署作为乞降的筹码。他任用金人派来的内奸秦桧为相，罢免主战派的官员，决意求和。接受称臣纳贡的议和条件，派秦桧跪受金相诏书，金朝将陕西、河南之地归还宋朝。1140年，金兀术撕毁和约，大举南侵，夺取陕西、河南之地。在岳飞率中路军打败金军主力，其他各路宋军也节节取胜之时，高宗担心将领功大势重，又怕还回钦宗后自己必须退位，于是下令各路军班师，断送了抗金斗争的大好形势。接着解除岳飞、韩世忠等大将的兵权，向金朝表示坚决议和的决心。不久，以“莫须有”的罪名杀害了岳飞父子。遂同金朝签订了屈辱投降的“绍兴和议”，向金称臣纳贡，以换取金承认自己在淮河、大散关以南地区的统治权。

1161年，金帝完颜亮撕毁和议，再次南侵。高宗以屈辱求苟安的国策遭到军民的强烈反对。1162年禅位于太子赵慎，自称太上皇。在位36年，1187年，病死于临安宫中的德寿殿，终年81岁，葬于永思陵。

南宋帝陵，位于浙江省绍兴市东南17公里的皋埠镇牌口村攒宫茶场内，葬有高宗永思陵、孝宗永阜陵、光宗永崇陵、宁宗永茂陵、理宗永穆陵和度宗永绍陵。俗称“宋六陵”。此外，还葬有徽宗永佑陵、徽宗皇后韦氏（高宗生母），以及南宋后妃和皇室贵族近百座墓葬，形成庞大陵墓群。陵区占地两千余亩，青松遮日，四面环山，东临青龙山，南接紫云山，西靠五峰（地方谐音：虎）岭，北倚连雾（玄武）山，从堪舆学说上形成了前朱雀、后玄武、左青龙、右白虎的风水景观。“宋六陵”建筑仍沿袭北宋旧制，设有上宫、下宫和地宫，不失皇室等级规模。1278年，江南释教都总统杨琏真伽对“宋六陵”进行了大肆盗掘，致使陵地“龙骨”狼藉、珍宝尽失，幸有义士唐珏等人冒险收贮迁葬至兰亭天章寺保存。1369年，明太祖朱元璋下诏重新建陵树碑，诸帝遗骸得以归葬“宋六陵”。直至20世纪50年代尚保持这些规模。现今，只有以树辨陵，但这200余棵合抱古松苍翠欲滴，与群山、清泉相互映衬了整个陵区的环境气氛。

永思陵位于宋六陵的西南隅，是宋高宗赵构与吴皇后合葬的陵墓。该陵早年被盗，封土无存，现在陵址内，只有一棵棵高大的松树了。高宗临终遗言，丧事要俭约，花销要从皇宫内库支取，不得向国库索要，各级官员不准以丧仪为名进献财物。1278年，永思陵被盗时，随葬品，只有锡器数件，马鞍一副和端砚一方。可见高宗死后并没有厚葬。

［南宋］孝宗赵慎永阜陵

永阜陵（1996 年 10 月）

宋孝宗赵慎（1127—1194），初名伯琮，后改名玮，字元永。南宋第二代皇帝。太祖七世孙，秦王赵德芳六世孙，秀王赵子称子。封为建安郡王。高宗无子，收为养子，1162年被立为皇太子。受高宗内禅而继位，年号隆兴。

孝宗即位后，皇权又转入宋太祖一系，他决心改变高宗屈辱求和的国策，锐意抗金。为岳飞平反，驱逐秦桧党人。起用抗战派张浚为枢密使，命他部署北伐。宋军在符离（今安徽宿县北）溃败。1164年与金订立和议，宋向金由称臣改为称侄，为叔侄关系，每年纳贡，双方各守旧疆，这就是“隆兴和议”。但孝宗并不甘心向金朝屈服，他又训练军队，整顿财政，准备再战。储备钱币已达4700万贯。但由于某些方面受制于太上皇赵构，他的图治之心未能实现。孝宗是南宋较有作为的皇帝，统治期间政治比较稳定，经济也有一定的发展。1189年，为给高宗服丧，禅位于太子赵惇（dūn），自称太上皇。在位27年。1194年，病死于宫中重华殿，终年68岁，葬于永阜陵。

永阜陵位于浙江省绍兴县皋埠镇牌口村攒宫茶场内，在永思陵东侧。1278年，该陵被盗，孝宗骨殖已蜕化。随葬品只有古铜鬲一只，玉瓶炉一对及部分铜钱。以帝王身份来讲，可算是薄葬。现今封土、墓碑无存，只能以树辨陵。

〔南宋〕光宗赵惇永崇陵

南宋光宗赵惇（1147—1200），南宋第三代皇帝。孝宗第三子，曾封为恭王。1171年，孝宗立他为皇太子，任临安府尹。1189年二月受孝宗内禅而继位，改年号为绍熙。

光宗即位时，年已43岁，他患有精神病，为李皇后所左右。罢免周必大、辛弃疾等主战派大臣，起用留正为宰相，朝政为主和派所操纵。光宗与孝宗的关系长期不和，并且日益紧张。孝宗病重，他拒绝前去探望。孝宗病死后，他也不去服丧，致使葬礼也无法进行，使满朝大为骚动。宗室赵汝愚和外戚韩侂（tuó）胄等共同策划，取得宋高宗吴皇后的赞同，迫令光宗退位，当太上皇。立其次子赵扩为皇帝，由赵扩主持孝宗丧礼。光宗闲居寿康宫。他每回忆起在位时的事情，总要自言自语地咒骂，有时痛哭不止。1200年八月，病死于临安寿康宫，在位5年，终年54岁，葬于永崇陵。

永崇陵遗址（1996 年 10 月）

永崇陵位于浙江省绍兴县皋埠镇牌口村攒宫茶场内，在永阜陵东南。该陵于元至元十五年（1278），被时任江南释教总都统的西僧杨琏真伽盗掘。光宗骨殖四处抛掷，墓内珍宝被洗劫一空。现今永崇陵墓碑、封土无存，陵区内尚有马尾松两株。

［南宋］宁宗赵扩永茂陵

永茂陵残碑（1996 年 10 月）

宋宁宗赵扩（1168—1224），南宋第四代皇帝。光宗次子。曾封为嘉王、平阳王。光宗在位时，被立为太子。光宗退位，他继位，年号庆元。

宁宗即位后，任用赵汝愚和韩侂胄。赵、韩两派斗争激烈。宰相赵汝愚倡导理学，引荐朱熹，朱熹也为赵汝愚谋划，企图阻止韩侂胄参政。宁宗罢免了赵汝愚，由韩侂胄专擅朝权。又定理学为伪学，将赵汝愚、朱熹及其同情者定为“逆党”，不许他们担任官职，不许参加科举考试，这就是“庆元党禁”。1202年，宣布弛禁，已死的赵汝愚和朱熹得到“追复”，其他诸人也相继复官。宁宗采纳韩侂胄建议，崇岳贬秦，追封岳飞为鄂王，削去秦桧的封爵，改谥为“谬丑”，大快人心，打击了投降派。1206年韩侂胄在没有充分准备情况下，贸然北伐而战败。杨皇后趁机勾结主和派史弥远杀死韩侂胄，把持了朝政。1208年与金订立屈辱的“嘉定和议”，改金宋叔侄之国为伯侄之国，增加岁贡。1224年八月，宁宗病死于宫中福宁殿。在位30年，终年57岁，葬永茂陵。

永茂陵遗址（1996 年 10 月）

永茂陵位于浙江省绍兴县皋埠镇牌口村攒宫茶场内，在永阜陵东北。1278年，被释教杨琏真伽盗掘，墓内随葬的珍宝被洗劫一空。如今封土已不存，尚有残碑半块，碑的上半部已断掉，只剩下半部，余下的碑文为“帝永茂陵”四字。现存绍兴县文管所。在陵区内还有几株古松，以此作为永茂陵的标识了。

〔南宋〕理宗赵昀永穆陵

宋理宗赵昀（1205—1264），初名与莒，又名贵诚。南宋第五代皇帝。太祖十世孙，山阴尉赵希子，宁宗养子。宁宗病死，宰相史弥远废皇位继承人赵希，拥立赵昀为帝，年号宝庆。

理宗即位后，仍由史弥远专擅朝政，他只顾沉湎于酒色，朝政昏暗如故。1233年史弥远死，理宗亲政。1234年，宋与蒙古军联合攻灭金国。理宗尊崇理学，听信阎妃，重用权奸马天骥、丁大全和宦官董宋臣，致使国家政治腐败，财政经济濒于崩溃，有人在朝门上题字："檐马丁当，国势将亡。"后来他任用奸相贾似道（理宗贾贵妃之弟）。1259年，蒙古军攻打鄂州（今湖北武昌市），贾似道督师援救，却私自暗中求和，向蒙古称臣纳贡，双方划长江为界。事后隐瞒真相，谎报鄂州大捷，还被晋官加爵。国家败亡之势已成。1264年十月，理宗病死于临安，在位40年，终年60岁，葬于永穆陵。

永穆陵遗址（1996年10月）

永穆陵位于浙江省绍兴县皋埠镇牌口村攒宫茶场内，在永阜陵北。理宗入葬后的14年（1278）陵墓被盗，打开棺椁时，发现理宗尸体完好如生，珠光宝气环绕其身。他身下铺的金丝网罩，口中含的夜明珠，以及棺内大量珍宝全部被盗走。现在封土、墓碑无存，仅有两株苍老而又弯腰驼背的古松，守候着理宗这残破而又一贫如洗的家园——永穆陵。

〔南宋〕度宗赵禥永绍陵

宋度宗赵禥（1240—1274），南宋第六代皇帝。太祖十一世孙，荣王赵与芮子，理宗收为养子。1260年被立为皇太子，理宗死后继位，年号咸淳。

度宗即位后，更加昏庸荒淫，封贾似道为太师，倍加宠信，将朝政统统委托给他。自己不顾民穷财匮，整天饮酒作乐，其荒淫甚于理宗。贾似道在西湖葛岭大厦，大肆淫乱。襄阳被元军围攻了两年，他却隐匿不报，亦不出援，还向度宗谎报"北兵已经退去"，此时南宋已至不可收拾的地步。度宗以"好内"闻名，宋朝惯例，被天子召幸的嫔妃，次日早晨，要到阁门谢恩，写明月日，以备查考。度宗时，每日谢恩的多达30人。如此荒淫无度，自然寿命不长。在位10年，1274年七月，病死于宫中福宁殿，终年35岁，葬于永绍陵。

永绍陵遗址（1996年10月）

度宗死，其子赵显（1271—1323）继位，是为恭帝，时年4岁，由谢太皇太后主持国政。1275年，贾似道因战败被革职，在流放途中被押解官杀死。1276年正月，元军进逼临安，宋恭帝出降。赵显被押北上，在内蒙长大后又去西藏学佛法，成为高僧、主持。1323年，因文字狱之灾，被屈杀。葬处不明。

永绍陵位于浙江省绍兴县皋埠镇牌口村攒宫茶场内，在永穆陵西南。度宗入葬仅4年，陵墓就被杨琏真伽盗掘，随葬品五色藤丝盘、黄琼扇柄、映鱼及其他珍宝被洗劫一空。而今陵区墓碑、封土无存，只有一簇挺拔的古松在陪伴着墓主人。

〔南宋〕端宗赵昰永福陵

宋端宗赵昰（shì，1268—1278），南宋第八代皇帝。度宗长子，恭帝兄。曾先后封为吉王、益王。元军攻陷临安前夕，度宗的杨淑妃带着益王赵昰、广王赵昺（bǐng）和部分大臣，从临安出走至温州，再从海上到福州。1276年五月，张世杰、陈宜中、陆秀夫等拥立赵昰为帝，册封其母杨淑妃为太后，临朝听政，年号景炎。

永福陵（1996 年 10 月）

端宗即位时，年仅9岁。朝臣坚持继续抗元，力图恢复宋朝国土。由于元军尾随追击，端宗由海路走泉州、厦门，转移广东。1277年四月移驻珠江口的官富场（今九龙城）。十一月元军攻秀山，端宗奔井澳，在船上遇风落入海中，虽被左右救起，但就此病起，1278年四月病死。在位3年，终年11岁，同年九月葬于永福陵。

为纪念崖海大战而修建的崖山祠（1996 年 10 月）

永福陵位于广东省新会市古井镇官冲村。陵墓坐北朝南，无封土，用水泥抹顶，略高于地表面。绕墓有圆形墙，以灰砂石砌筑，高约半米，周长约16米。据当地群众讲，此墓即是永福陵。

［南宋］少帝赵昺陵

宋少帝赵昺（1271—1279），南宋第九代皇帝。度宗子，端宗弟。曾封为信王、广王、卫王。端宗病死，他被拥立为帝，年号祥兴。

昺即位不久，移驻崖山（今广东省新会县南）。在此修建行宫，训练士卒，制造兵器、船舰，集结官民将士20多万人。右丞相兼枢密使文天祥，在江西等地收复许多州县。后战败，于海丰被俘。在押解过零丁洋（广东珠江口外）时，写下《过零丁洋》一诗，最后两句是“人生自古谁无死，留取丹心照汗青。”元将要他写信劝张世杰投降，他坚持拒绝。书此书以明志。后来拒绝元世祖忽必烈亲自劝降，英勇就义。1279年二月，元军攻破崖山防线，张世杰乘雾突围出海，遭遇大风，溺死海中。丞相陆秀夫负赵昺投海殉国。后宫诸臣，从死者甚众，海上浮尸10余万人。崖海大战，历22天，在古代史上是少有的一次大海战。崖山慈元庙有副对联赞颂了这一壮举：“一代君臣同死节，万年日月共争光。”赵昺在位2年，终年9岁，葬于帝昺陵。南宋灭亡，历9帝，共153年。

帝昺陵在广东省深圳市蛇口区赤湾村。传说赵昺投海数天后，尸体漂到赤湾村海边，面目已腐烂，但身着龙袍，当地人方知是帝昺之骸，即殓葬于天后庙西山脚处。数百年来无人知晓。1963年，当地驻军的炊事员上山砍柴，偶然发现此陵，后经专家实地考察，认定它就是帝昺之陵。1982年，深圳市对此陵进行了修复。修复后的帝昺陵呈围椅形，直径约4米，前部高约1米，后部高约2米。中间嵌“大宋祥庆少帝之陵”石碑一通。陵墓前侧立有一碑，上书“崖海潜龙赤湾延帝”八个金色大字。

赵昺陵（1995年7月）

〔辽〕太祖耶律阿保机祖陵

辽太祖耶律阿保机（872—926），字啜里只，汉名亿。辽朝创立者。出身于契丹迭剌部耶律氏贵族家庭。公元901年袭夷离堇（管理军马）职位，公元906年因战功升为于越（掌握部落联盟军、政大权的官职），公元907年被推选为可汗。继而统一契丹八部，控制了邻近的女真、室韦等族。公元916年正式称帝，国号“大契丹”定都上京（今内蒙古巴林左旗），年号神册。

辽祖陵（1995年6月）

辽太祖陵前的柱础

太祖称帝后，于公元923年攻取营（今辽宁朝阳市）、平（今河北卢龙县）等州。随后，亲征突厥、吐谷（yù）浑、党项等部，控制了东到日本海，西北到蒙古人民共和国中部，南接河北、山西的广大地区，统治着契丹、汉、女真、室韦等族。在位期间，任用汉人，改革习俗，建筑城郭，制作契丹文字，发展农业生产，开展商业贸易，推进了契丹政权的封建化过程。公元926年正月，攻灭渤海国，并将它改为东丹国，派太子耶律倍镇守。七月，在归途中病死，在位11年，终年55岁，葬于祖陵。

祖陵位于内蒙古巴林左旗哈达营格乡石房子村西。以其地有祖山，为契丹始祖兴业之地，故称祖陵。陵园三面环山，东南豁口为陵门。陵墓在西北山坡上，石块垒砌的地宫墙身已暴露。陵旁有残存的石人和石龟趺各一具，附近曾出土契丹大字碑残片。陵园内外均有建筑基址，地表散布砖、瓦。在祖陵东南1.5公里处是祖陵奉陵邑——祖州城址。

辽祖陵石人（1995年6月）

祖州城石房子（1995年6月）

〔辽〕太宗耶律德光怀陵

辽太宗耶律德光(902—947)，字德谨，初名耀屈之。辽朝第二代皇帝。太祖次子。公元922年冬，任天下兵马大元帅，曾多次跟随太祖东征西战。太祖死，太子耶律倍根据辽太祖遗愿，率群臣请于述律皇后立耶律德光为帝。公元927年十一月耶律德光继位，公元938年，改年号会同。

辽怀陵遗址(1996年7月)

太宗即位后，向南扩张。936年，南下为石敬瑭解围，又助他灭后唐建后晋，封他为“大晋皇帝”，并与他结为父子，辽国得到了燕云十六州。公元938年，开始改革官制，官分北、南面，因俗而治，北面官以契丹旧制治契丹人，南面官以汉制治汉人。石敬瑭死后，其侄石重贵继位，不肯向契丹称臣。947年，太宗率军攻入开封，灭后晋，改国号为辽。太宗按奴隶制的传统，把晋国宫女、宦官、百工等作为奴隶掳走，连同财宝运回上京。辽兵四处掳掠人口和财物，称为“打草谷”，激起人民反抗，太宗被迫撤兵北归，途中病死。在位21年，终年46岁，葬于怀陵。

怀陵位于内蒙古巴林右旗岗根苏木床金沟上营子村，在床金沟北山岗上。东西长5公里，南北宽2.5公里，北、东、南三面环山，在床金沟沟口建有陵门，在两侧山脉低凹处用石墙封堵。陵园中部有南北向石墙，将陵园分为内外两区。外陵区分布两座建筑台基。内陵区分布两座陵墓和祭殿基址，其中一座地表有高大的圆形封土堆，另一座已塌陷为一大坑；殿基址平面呈长方形，东西长16~17米，南北宽13~14米，高0.7~1.5米。地表有柱础、砖、瓦等。

〔辽〕穆宗耶律璟怀陵

辽穆宗耶律璟（931—969），小名述律。辽朝第四代皇帝。太宗子，世宗堂弟。曾封为寿安王，后立为太子。察割杀死世宗，他逃入山中。察割欲称帝，遭到酋长们的反对。耶律璟乘机与宗室大臣围攻察割。察割见大势已去，就要杀围攻他的诸将家属。部将耶律敌律劝他说："没有你除去耶律阮，寿安王怎能继位呢！以此为由，他或许会免你的罪。"察割认为有理，就命敌律去说情，敌律见了耶律璟商定了计策，回来假称已同意免罪，请他出帐见面，察割信以为真，刚走出帐，就被耶律璟手下人一刀杀死，平定了叛乱。大臣们拥耶律璟即位，年号应历。

穆宗统治时期，贵族多次谋反，都被镇压。他协迫民户作奴隶，扩大奴隶占有，又设立了多种毒刑，加强对奴隶的镇压。近侍东儿因拿餐具慢了些，被他亲手刺死。967年，一次杀死管鹿奴隶44人。野蛮的残杀激起了奴隶们的无比愤恨。969年二月，穆宗出猎时，被近侍奴隶小哥等6人杀死，在位19年，终年39岁，葬于怀陵。

怀陵系辽太宗和穆宗的陵墓，位于内蒙古巴林右旗岗根乡床金沟上营子村。陵园由陵门、石砌围墙、祭殿和陵墓四大部分组成。陵园中部有一道石墙将陵园隔成内外两个陵区，可称东陵区和西陵区。西陵区内有两组大型建筑台基，在东陵区分布两座陵墓，其中一座有封土，另一座塌陷为大坑。地面无标识，分不清哪座是太宗陵，哪座是穆宗陵。怀陵的布局和规模与其他辽陵大体相同。这里山势雄伟、挺拔、群山环抱，陵区林茂树繁，流水清澈。

辽怀陵遗址（塌陷处为盗洞）（1996年7月）

〔辽〕景宗耶律贤乾陵

辽景宗耶律贤（948—982），字贤宁。辽朝第五代皇帝。世宗次子，穆宗侄。穆宗被杀后，耶律贤与侍中萧思温等带领一千士兵赶到穆宗灵柩前，于次日黎明继位，改年号为保宁。杀穆宗的小哥等6人，逃入民间，5年后被捕获处死。

景宗在位时，拥立他的南院枢密使、统领汉军的高勋，使人谋杀统领契丹兵马的北院枢密使萧思温，高勋因此被处死。此后，南院枢密使由南京幽都府留守韩匡嗣代领。景宗因长期患病，由皇后萧绰执掌朝政。公元979年，宋太宗率军灭亡北汉后，准备乘胜收复燕云十六州，因而又转战攻打辽南京（今北京）。辽南院枢密使韩匡嗣子韩德让代父守南京，他坚守待援。耶律休哥、耶律斜轸援兵至，共同出兵大败宋军于高梁河（今北京西直门外），史称“高梁河之战”。韩德让以功升任南院枢密使，权势日盛。公元982年九月，景宗外出游猎，病死于云州焦山（今山西大同市西北），在位14年，终年35岁，葬于乾陵。

乾陵是辽景宗耶律贤与皇后萧绰的陵墓，位于辽宁省北宁市新立村的骆驼山中，地面没有遗迹，封土无存，陵墓的具体位置，正在查找之中。

中国历史上只有两个乾陵，唐高宗李治死葬乾陵，辽景宗耶律贤死葬乾陵，两陵相隔时间300年。有趣的是两陵有许多相似之处，他们不仅都以山为陵，陵名一样，而皇帝即位后都曾因长期患病不能上朝，都由皇后代理摄行国事，皇帝都先去世，皇后都曾以太后身份临朝称制，都做了一些有益于人民的事，都使社会有所发展，都成为女政治家，也都有过艳事，死后都祔葬于乾陵。这在历代帝陵中是很少见的巧合。

辽乾陵遗址（1996年7月）

〔辽〕圣宗耶律隆绪庆陵

辽圣宗耶律隆绪（971—1031），字文殊奴。辽朝第六代皇帝。景宗长子，曾封为梁王。景宗在位时被立为太子，景宗死后他继位，年号统和。

圣宗即位时，年仅12岁，由其母萧太后（即京剧《四郎探母》中杨四郎岳母的原型）临朝称制。

萧太后（953—1009），名燕燕，汉名绰。景宗皇后，辽北院枢密使兼北府宰相萧思温女，颇通韬略。景宗死，萧绰奉遗诏摄政，号承天皇太后。当时，宗室200余人拥兵握政，向背难测；辽宋之间随时可能发生战争，人心不安；圣宗年幼，前途可虑。她任韩德让和耶律斜轸参决大政于内，耶律休哥总领南面军务于外，并加强对宗室的约束和对吏民的管理，任用汉族官员，使政局渐趋稳定。辽国旧例，契丹人和汉人相殴至死，轻处契丹人，重处汉人。她当政时改为依汉律论断，同罪同科。公元986年，她带圣宗亲至前线督战，辽军大败宋北伐之师，俘获宋骁将杨继业。继业拒不降辽，绝食三日而死。后人以其事迹编演成《杨家将》故事。1004年，萧太后和圣宗率军南下，直逼澶州城（今河南濮阳县），威胁宋的都城。与宋真宗订立"澶渊之盟"。此后，两国之间不再有大的战事，为中原和北方经济文化的交流创造了条件。史称她"习知军政，赏罚信明，指麾三军，将士用命。"萧太后不仅是位杰出的政治家、军事家，也是一位良母。她不许儿子奢华，制止他纵情游猎，让他研读《贞观政要》，把唐太宗当成学习榜样。圣宗是辽朝最享盛名的"明主"，这与萧太后的培养教育是分不开的。1009年萧太后病死，终年57岁，

辽三陵全景（1996年7月）

祔葬于乾陵。

圣宗亲政后，曾向高丽及西北诸部发动数次战争。他受汉族文化的影响较深，向往汉族的封建文明。大力选拔人才，任用汉人，积极整治弊蠹，改革法度，下诏要官吏秉公执政，严禁扰害于民，提高奴隶地位，使辽国出现了鼎盛时期。他精射法，晓音律，好绘画，崇信佛教和道教，他推崇诗人白居易，以契丹文翻译《白居易讽谏集》，所作曲达百余首，说明他的汉文化修养颇高。在位49年，1031年六月，病死于大福河北岸 (今地不可考)。终年61岁，葬于庆陵。

庆陵位于内蒙巴林右旗白塔子乡北10公里的大兴安岭庆云山中，俗称王坟沟。葬有圣宗永庆陵、兴宗永兴陵和道宗永福陵以及祖孙三代的后妃陵，总称庆陵。三座陵东西排列，间隔约2公里，又称东陵、中陵、西陵。以中陵圣宗永庆陵为中心，东陵为其子兴宗永兴陵，西陵为其孙道宗永福陵。民国初年被盗掘，随葬文物多已散失。三陵都有陵门、享殿和羡道。墓室有前、中、后室及四个侧室。墓内有壁画，内容有装饰图案、人物和山水等，彩绘与真人等高的仪卫、乐队、侍女等人物70余个。

辽代帝陵均依山为陵，多为东南向，这与契丹人崇尚太阳有关。五处陵皆置奉陵邑，其中祖州、怀州和庆州城的遗址尚存。

庆云山(中段)辽庆陵(1996 年 7 月)

〔辽〕道宗耶律洪基永福陵

辽道宗耶律洪基 (1032—1101)，字涅邻，小字查刺。辽朝第八代皇帝。兴宗长子。曾封为燕王，1052年封为天下兵马大元帅，兴宗病死后继位，年号清宁。

道宗即位后，尊耶律重元为皇太叔，加号天下兵马大元帅。1063年七月，耶律重元与子耶律涅鲁古等谋反，道宗派兵平了叛乱，耶律重元兵败自杀。南院枢密使耶律乙辛平乱有功，权势显赫，专擅朝政。1075年，耶律乙辛为了篡权，诬告宣懿皇后与伶人私通。宣懿后受诬自尽。1077年，又诬告太子耶律濬阴谋废帝。太子被囚禁在上京，耶律乙辛派人将太子暗杀。直到1081年，道宗才发觉耶律乙辛等人的奸谋，将他们免官。1083年，他又处死私藏兵器，密谋外逃的耶律乙辛。

辽朝贵族和官员长期陷入相互攻讦倾轧之中，统治集团日益削弱，辽国开始由强盛转向衰落。道宗在位46年，1101年正月病死，终年70岁，葬于永福陵。

永福陵位于内蒙古自治区巴林右旗索博日嘎苏木 (白塔子乡) 北10公里的大兴安岭庆云山南坡，俗称王坟沟。系辽圣宗、兴宗、道宗三帝的陵园。三陵分东、中、西排列，间距2公里。永福陵在西，也称西陵。三陵多次被盗，珍宝被盗掘一空。墓为东南向，地面阙门、神道、殿址尚可见。墓室有前、中、后室及四个侧室，内有壁画、契丹小字、汉文石刻和哀册等。

辽永福陵(1996年7月)

〔金〕太祖完颜旻睿陵

太祖完颜旻（1068—1123），汉名旻，女真名阿骨打。金朝开国皇帝。按出虎水（今黑龙江哈尔滨东南阿什河）人。祖父乌古、父劾里钵世为完颜部首领，辽授予节度使。1103年，其兄乌雅束袭职为联盟长。

太祖少时膂力绝伦，善于骑射，举止端重，沉毅寡言，相貌雄伟，勇而多谋。成年后，随父兄征服女真诸部，屡有战绩。1113年，乌雅束病死，太祖继任联盟长，称都勃极烈，次年，辽授为节度使。1114年六月，起兵反辽，集女真兵2500人，侵入辽境。十月，攻占混同江东的宁江州（今吉林扶余东南小城子）；十一月，又于出河店（今黑龙江肇源西南），以少胜多，大败辽军。乘胜进击，连破宾州（今吉林农安东北红石垒）、祥州（今吉林农安境）、咸州（今辽宁开源）等地。1115年正月，于会宁府（今黑龙江阿城市南白城子）称帝，国号大金，年号收国。建国后，继续攻辽，九月。占领辽北重镇黄龙府（今吉林农安）。十二月，破辽天祚帝耶律延禧亲征大军。次年，击灭渤海人高永昌军，夺取辽东半岛以东地区。1120年，攻克辽上京（今内蒙古巴林左旗林东镇南）。1122年，攻占辽中京（今内蒙古宁城西）、西京（今山西大同）、南京（燕京，今北京），派兵追击天祚帝。太祖在位期间，定制度、立刑法、加强皇权、造女真文字，为金国的建立奠定了基础。1123年八月，领兵返回上京途中病逝。在位9年，终年56岁，归葬和陵，后改称睿陵。

位于黑龙江阿城市的金太祖睿陵(2001 年 10 月)

睿陵位于北京市房山区周口乡车厂村的龙门口。太祖死后，最初

出土的金代坐龙

葬于金上京城（今黑龙江阿城市南），陵上建有宁神殿，又称“太祖庙”。占地面积5.1公顷。陵墓封土高约15米，顶部平坦，面积约为6000平方米。1153年，金海陵王完颜亮迁都燕京后，将金太祖、太宗陵迁葬于燕京大房山（今房山区）。废弃的陵址和地宫一直保存很好，并于20世纪末建成“金太祖陵址公园”。陵园主要建筑有玉带桥、门殿、阙楼、石象生、石五供，陵台前立“金太祖阿骨打陵址”石碑一通，陵台后为宁神殿和地下宫殿。整个陵园恢宏大气，神秘壮观。

1155年，太祖、太宗梓宫运到燕京，葬于房山云峰山下。随迁的还有光陵、熙陵、建陵、辉陵、安陵、定陵、永陵、泰陵、献陵、乔陵和其他后妃、王墓等。金代以后各帝后妃也都在此建陵，形成金朝陵墓群。原来的建筑规模很大，艺术价值也较高，不亚于明十三陵。然而由于明朝皇帝无知，在即将亡国时，妄图以风水挽救其灭亡，说后金（清朝前身）发祥渤海，与金朝气脉相关，故有意拆毁金陵，砍断地脉。地面建筑无存，地宫也遭盗掘。明朝迷信风水，不修国政，最终导致亡国。清康熙时，命人修缮了金太祖（完颜旻）的睿陵和金世宗（完颜雍）的兴陵。立碑叙述了金陵被破坏的原因和修缮的情况。据记载，金太祖陵高约5米，周长约30米。由于人为和自然的破坏，地面建筑全毁，地宫也遭盗掘。除太祖、世宗两陵遗址尚存外，其余连遗迹也很少了。2003年秋，北京市文物局宣布，经过考古队两年多的努力，已经找到了金太祖完颜旻的睿陵，陵址在房山区周口店镇龙门口村北的九龙山主峰下大宝顶前约15米处的大石坑。金陵遗址也在大房山麓初现端倪，面积达60平方公里。

金太祖陵前的门阙、玉带桥（2001 年 11 月）

〔金〕海陵王完颜亮陵

海陵王完颜亮（1122—1161），原名迪古乃，字元功。金朝第四代皇帝。太祖完颜旻之孙，完颜宗干次子。杀熙宗完颜亶自立为帝。

海陵王自幼受过汉文化教育，好读书，能诗文，但性残忍多疑。18岁，随叔父完颜宗弼行军作战。1149年，他与左丞相秉德、附马唐括辩等合谋，刺杀熙宗而自立为帝，改元天德。即位后，严厉镇压反抗的宗室官员后又处死曾为自己篡位立功的秉德、唐括辩等。同时，大批起用汉人，契丹、渤海人，以巩固统治。1150年，以“励官守、务农时、慎刑罚、扬侧陋、恤穷民、节财用、审才实”等七事诏告中外。又“以十二事戒约官吏”。1153年，改燕京为中都，作为都城。1156年，颁行正隆官制，罢中书、门下二省，只设尚书省，自省而下，“职有定位，员有常数，纪纲明，庶务举，”终金之世不改。1161年六月，他亲率24万大军南下。十月，任东京留守的曹国公完颜雍于辽阳称帝，是为世宗。十一月，海陵王所率大军在采石矶（今安徽当涂西北）为宋军所败，东逃瓜州（今江苏扬州市南），被部将完颜元宜等杀死。在位13年，终年40岁，葬于沁阳。降封为海陵郡王，史称海陵王。

海陵王陵位于河南省沁阳市崇义乡金冢村西。陵墓呈圆丘形，占地面积900多平方米。墓高6米，周长约100米。据《吴帮才杂记》载，海陵王死后“太子家臣门客与其尸渡河，葬于沁”。故向言此为海陵王陵。而《金史》载，海陵王“葬于大房山鹿门谷诸王兆域中”后“诏降为海陵庶人，改葬于山陵西南四十里”。如果此墓是真的，那么沁阳的海陵王陵就可能是衣冠冢了。

金海陵王完颜亮陵（2001 年 3 月）

［西夏］景宗李元昊陵

西夏是两宋时我国境内党项族（羌族的一支）建立的政权。

景宗李元昊（1003—1048），小字嵬理，后更名曩霄。西夏第一代皇帝。李德明长子。精通汉文，熟读宋朝法律、兵书，文武全才。26岁，奉父命领兵攻破甘州回鹘，被立为皇太子。1031年，李德明死后嗣位，宋朝封他为西平王，辽国封他为夏国王。1032年，他废弃唐、宋所赐李、赵姓氏及拓跋旧姓，改姓嵬名，自称兀卒（"青天子"之意）。1034年，下秃发令，臣民限期三天，违者处死。1038年称帝，是为景宗，国号大夏，由于位居北宋西北，史称"西夏"，定都兴庆府(今宁夏银川)。在位期间，制定了官制、军制、法制，创造了西夏文字，刻印了书籍。他即位后，进表宋朝，要求承认建国称帝的既成事实。宋朝下令削赐姓官爵、禁断互市贸易。双方随即发生战争。

李元昊善于用兵。1041年，他率军南犯，宋朝派大将任福统领1万人马迎战。元昊将10万精兵埋伏在好水川口（今宁夏隆德西），派了少数人马与任福对阵，双方打了一阵，西夏兵丢下战马、骆驼就逃，任福派人侦察，说前面敌人不多，就在后面紧紧追赶。到了六盘山下，发现路边有几只银泥盒子，任福命人打开，里面飞出100多只哨鸽，这是出击信号，西夏军四面包围。这一仗，宋军伤亡惨重，任福被杀，西夏大获全胜。元昊多次抵挡住宋、辽的进攻，以后又分别与宋、

西夏皇陵遗址（1995年5月）

辽签订和议。从此形成北宋、辽、西夏三足鼎立的局势。统治区域最盛的仁宗时期，辖22州，包括今宁夏、陕北、甘肃西北部、青海东北部和内蒙的一部分地区。居民有党项、汉、藏、回鹘等族，从事农牧业，著名产品有青白盐、毡毯等。成为西北方的一个强大政权。景宗生活荒淫，竟夺太子宁凌噶妻没哆氏立为皇后，宁凌噶羞愤在心，1048年，入宫杀了景宗。在位11年，终年46岁，葬于西夏王陵（宁夏银川市）。宁凌噶又被国相没藏讹庞捕杀。

1061年，毅宗（李谅祚）亲政后，实行变政和改革党项族旧俗，增用汉人，推行汉礼，恢复汉姓，学习宋廷朝贺仪式，与宋经济文化交往密切，茶、马、盐、铁互市频繁。

1139年，李仁孝（仁宗）继位后，由于金国正致力于攻击南宋，使西夏获得了较为安宁的环境，社会生产和文化得到很大的发展，进入了封建社会。

1205年以后，蒙古军经常攻入西夏进行抢掠。1227年春，蒙古军围困西夏都城，末帝李睍（xiǎn显）坚守半年后，因粮尽援绝，军民大批得病，只得遣使乞降，要求宽限一个月再献城。七月，成吉思汗病死。末帝在赴降时被杀，西夏亡。历10帝，共190年。

西夏皇陵，位于宁夏回族自治区银川市西贺兰山东麓，东西约5公里，南北约10公里，内有帝陵9座，葬有太祖李继迁裕陵、太宗李德明嘉陵、景宗李元昊泰陵、毅宗李谅祚安陵、惠宗李秉常献陵、崇宗李乾顺显陵、仁宗李仁孝寿陵、桓宗李纯祐庄陵和襄宗李安全康陵。其中，李元昊祖父裕陵和父亲嘉陵是元昊称帝后追尊的陵号。陪葬墓193座。1227年，蒙古灭西夏，战火殃及陵区，地面建筑全部被毁，陵墓大部被破坏。由于史书未记诸陵相对位置，加之碑石被毁，陵主失考。已发掘的六号李乾顺之陵及其陪葬墓出土有铜牛、石马等重要文物。西夏陵的特点是陵台（即坟头）顶尖坡陡，其外貌如同粗壮的佛塔，有圆形和八角形两种，高约20米许。每个陵都是一个单独的布局，四周有围墙，分内外两重，四角建有角楼，可想当年是多么壮观。

西夏皇陵陵台近景

〔元〕太祖成吉思汗陵

成吉思汗

元太祖成吉思汗 (1162—1227)，名铁木真。蒙古开国君主，元朝的奠基者，著名军事统帅。姓孛儿只斤，乞颜氏，蒙古人。

十二世纪时，蒙古族已处在奴隶社会。各部落为了掠夺财富，互相争战不休。成吉思汗生于蒙古贵族世家。其父也速该为乞颜部首领，在俘获塔塔儿部落首领铁木真时，正值成吉思汗出生，便用俘虏的名字为婴儿命名，以纪念胜利。1170年，也速该被塔塔儿人毒死，所领部众纷纷离去。也速该的遗孀月伦领着9岁的铁木真和他的几个弟弟躲进深山里，靠吃野菜、野鼠充饥，度过数年艰苦生活。铁木真曾被泰赤乌贵族掳去示众，有一天，铁木真乘泰赤乌人举行宴会之机，用木枷砸昏看守，逃回。投靠蒙古最强大的克烈部部主脱里汗。不久，铁木真的妻子孛儿台被蔑里乞人掳去，他求脱里汗和扎木合共同出兵，打败蔑里乞人，夺回妻子。少年时期的艰险经历，培

成吉思汗陵前的牌楼(1995 年 5 月)

成吉思汗及夫人的灵包(1995 年 5 月)

养了铁木真坚毅勇敢的素质。以后，铁木真活动于蒙古各部落之间，聚集其父部众，逐渐壮大自己。先后打败其他部落，统一了蒙古。1206年，被推举为全蒙古大汗，上尊号为成吉思汗（“成吉思”谓“海洋”或“强大”之意，“汗”意为王者），建立蒙古汗国。登位后，以“千户制”编组民众，建立军政合一，兵牧结合的体制。接着发动了大规模的军事远征。1218年灭西辽。1219年开始西征中亚各国。1227年灭西夏。同年秋病逝，在位22年，终年66岁，葬于成陵。

灵包近景

成吉思汗是一位威震欧亚，叱咤风云的杰出的政治家、军事家。临终提出“假道宋境，联宋灭金”的遗嘱。其子遵其战略遗策，于1234年灭金。其孙（拖雷子）忽必烈，于1260年废除选举大汗的制度，在开平（今内蒙古正蓝旗东）宣布即位，以开平为上都。1271年改国号为“元”，迁都大都（今北京）。1279年灭南宋，统一全国，从而结束了唐朝安史之乱以来长达500多年的南北分裂的局面。疆域东、南到海，西到新疆，西南包括西藏和云南，北面包括西伯利亚大部，东北到鄂霍次克海。他在位期间，注意选用人才，采取汉法，

成吉思汗陵正门(1995 年 5 月)

成吉思汉陵内的敖包

建立各项政治制度。地方建立行省，开创我国省制之端，劝课农桑，兴修水利，发展生产。加强对边疆地区管理，开辟中外交通，为巩固和发展多民族国家做出了贡献。

成吉思汗陵，位于内蒙古自治区伊金霍洛旗东南25公里的甘德利草原上。伊金霍洛，即蒙古语“帝王陵墓”的意思。陵园建筑总面积5.5万平方米，陵宫由三个蒙古包式大殿组成。正殿高24.8米，东西殿均高18米。殿中央安放有汉白玉成吉思汗坐像。后殿分别供奉着成吉思汗和他的三位夫人与两位胞弟的灵柜，东殿供奉着他四子拖雷同夫人的灵柜。长廊两侧，绘有成吉思汗一生的戎马生涯、子孙业绩和生活习俗的大型壁画。并建有碑亭两个、城楼式门庭、牌楼及通往陵包的阶梯式步道。

成陵不是成吉思汗真正的陵墓。据《草木子》记载：“国制不起坟陇，葬毕，以万马柔之使平。杀骆驼子其上，以千骑守之，来岁草即生，则移帐散去，弥望平衍，人莫知也。欲祭时，则以所杀骆驼之母为导，视其踯躅悲鸣之处，则知葬所矣。”这些说明蒙古帝王葬后灭迹的习俗。到目前为止，成吉思汗及其他元代帝王的葬处尚无确考。成吉思汗的遗体或许已与大地融为一体，但他却青史长存，丰功永志。

最早祭祀成吉思汗的陵寝是由八间白色毡帐组成，简称“八白室”。1939年为免遭日寇和蒙奸的劫持，陵寝先后移至甘肃榆中县和青海湟中县塔尔寺安放。1954年迎回，中央拨款修建。整个建筑雄伟壮丽，风格独具。

〔明〕太祖朱元璋孝陵

朱元璋

明太祖朱元璋（1328—1398），幼名重八，字国瑞。明朝开国皇帝。濠州钟离（今安徽凤阳）人。幼年家贫，少时曾为地主放过牛。17岁时，因父母及兄均死于瘟疫，不得已入皇觉寺为僧。不久，以行童游食于淮西一带。深受反元宣传的影响，便决心投军。

元朝末年，政治腐败，义军四起。占领濠州的郭子兴红巾军逐渐壮大。有一天，城外来了个和尚，说要投红巾军。守门士兵怀疑他是元军派来的奸细，便把他捆绑起来，并报告郭子兴。

郭子兴到城门一看，这和尚虽穿得破破烂烂，却长得身材魁梧，浓眉大眼。心里十分喜欢，马上命令士兵松绑，然后问道："小和尚，你来此做什么？"

"小僧在皇觉寺出家，进城来想投奔郭大帅。"

郭子兴微微一笑，问道："你投奔郭大帅想干什么？"

"跟着郭大帅，杀鞑子，打天下，救老百姓！"和尚回答。

"好！你叫什么名字？"

"小人姓朱，因是八月初八生的，小名便叫'重八'。"

"当兵了，应该另起个名字。"

朱重八灵机一动，说："请大帅赐个名字。"

郭子兴沉吟了一阵，说："你就叫'元璋'吧，再起个字叫'国瑞'。"

重八大着胆子问："大帅，能告诉我这个名字怎么讲吗？"

"你想知道是什么意思，好，你听着，'璋'是带斜尖的玉，朱元璋，就是诛灭元朝的锐利武器的意思。朱国瑞，就是要你建成一个像朱红色那样显明的祥瑞之国。”

“谢谢大帅赐给祥兆的名字。”朱元璋向郭子兴深鞠一躬。

朱元璋还俗从戎是他开始政治生涯的转折点。

郭子兴见他口齿伶俐，就留在身边当亲兵长。朱元璋骁勇多智，被郭器重当作心腹，并将养女马姑娘许配与他。郭死后，朱元璋掌握实权。以后，他扩充队伍，领兵南下。1355年，被韩林儿的宋政权授为左副元帅。1356年攻克集庆，改名为应天府（今江苏南京市），自称吴国公。纳儒士朱升之议“高筑墙，广积粮，缓称王”。此后，他击败了江南地广兵多自称汉王的陈友谅。1367年，消灭先称王后降元的张士诚，于瓜州渡口沉杀韩林儿，实力不断壮大。命徐达、常遇春北伐。1368年，在应天称帝，国号大明，年号洪武。同年攻灭元朝。建国后，实行“与民安息”政策，减免赋役，移民屯田，奖励开荒，兴修水利，抑制豪富，解放奴隶。颁布《大明律》，惩治了贪官污吏。创立了卫所制，战争后官归将印，军回卫所，卫所实行屯田，耕战结合。这些措施使社会经济得到恢复和发展。他也屡兴大狱，滥杀了不少功臣，朱元璋曾把他的24个儿

明孝陵（1994 年 12 月）

明孝陵明楼（1994 年 12 月）

明孝陵展出的定陵凤冠

明孝陵神道石象

子分封为王。立长子朱标为太子，太子病死，他立朱标次子朱允炆为太孙。临终前又遗诏，由太孙朱允炆继位。1398年五月，朱元璋病死于京都西宫。在位31年，终年71岁，葬于孝陵。

建文帝朱允炆即位后，下令削藩。先后废周王朱橚 (sù)、齐王朱榑 (fu) 等为庶人。镇守北平 (今北京市) 的燕王朱棣起兵对抗，号称靖难军。四年后攻占南京，朱允炆下落不明。

孝陵是明太祖朱元璋和孝慈皇后马氏的合葬墓，位于江苏省南京市钟山南麓独龙埠玩珠峰下。孝陵之名，取意于谥法中的孝字，有“以孝治天下”之意，一说马皇后谥“孝慈”，故名。1376年开始筹建，1381年初步建成。1382年葬入马皇后，1398年葬入太祖朱元璋。1413年全部完工。陵园全长2.62公里，垣墙周长22.5公里。陵内植松10万株，养鹿千头，每鹿颈间挂有“盗宰者抵死”的银牌。为保卫孝陵，内设神宫监，外设孝陵卫，有5000多军士守卫。1853年，大部木构建筑毁于兵火。现存有神烈山碑、禁约碑、下马坊、大金门、四方城及神功圣德碑、石象生、御河桥、陵门、碑亭、孝陵殿、大石桥、宝城、宝顶及清末所建碑亭、享殿等。

明孝陵神道石刻(1994 年 12 月)

孝陵的建制和布局基本上沿用了唐宋的做法，新创了明楼，改方坟为圆坟，外建圆形宝城，合上下宫为一处。这种建制与布局为明清两代所沿用。

〔明〕成祖朱棣长陵

朱棣

明成祖朱棣（1360—1424），明朝第三代皇帝。太祖四子，母为孝慈皇后马氏。1370年，被封为燕王，镇守北平。屡次出征获胜，威名大振。有一次，太祖命朱允炆对句，出句是：“风吹马尾千条线”，允炆对了句“雨打羊毛一片膻”，太祖不高兴。在旁的朱棣上前对了句“日照龙鳞万点金”，太祖夸奖他“好对语！”从此认为朱棣文武全才，更加喜欢他。1402年六月，朱棣夺得皇位，年号永乐。

即位后，他消除藩王兵权。派郑和出使西洋，促进了我国与亚非各国经济、文化的友好往来。设奴儿干都司，管辖黑龙江、乌苏里江、库页岛等地。1421年迁都北京，重修万里长城。令解缙主持编纂《永乐大典》，对保存古代文化典籍，做出了贡献。成祖时期使明朝进入全盛时期。1424年七月，成祖率兵北征时病死于途中。在位22年，终年65岁，葬于长陵。成祖死后，还用30名宫女殉葬，将她们活活地吊死，然后又美其名曰：“投缳殉主”。

明长陵全景

长陵是明成祖朱棣

明十三陵神道

明长陵的神功圣像碑

和皇后徐氏的合葬墓，位于北京昌平县天寿山南麓。是明十三陵营建最早，规模最大，保存最好的一座。大红门是陵园正门，门前有汉白玉石牌坊和下马碑，牌坊为5门6柱11楼。门内为总神道，直通长陵，其余各陵神道，均从此道分出。神道南建有大碑楼，内立“大明长陵神功圣德碑”。神道两侧立巨大的石象生18对，相向而置。进入祾恩门即是祾恩殿。祾恩殿形制与

明长陵祾恩殿

故宫太和殿基本相同，面宽9间，进深5间，内有32根直径1米以上本色楠木巨柱，雄伟雅洁，为国内仅见。殿后过牌楼门有石五供、明楼、宝城。楼内立“大明成祖文皇帝之陵”石碑一通。宝城下面是埋葬皇帝、皇后的地下宫殿。长陵雄伟壮观，其建筑艺术成为明初政治、经济、文化的缩影。

长陵神道石刻

〔明〕仁宗朱高炽献陵

明献陵（1995 年 10 月）

明仁宗朱高炽（1378—1425），明朝第四代皇帝。成祖长子。1395年被立为燕王世子，1404年被立为太子。成祖多次出征，均命他监国，国事处理得井井有条。成祖死后他继位，年号洪熙。

仁宗即位后，下令赦免了朱允炆的旧臣和成祖时遭连坐流放边境的官员家属，并允许他们返回原处；又平反冤狱，恢复一些大臣的官爵，从而缓和了统治集团内部的矛盾。仁宗勤于政事，不恋女色，他任用杨荣、杨士奇、杨溥（史称三杨）辅政，与民休息，修明纲纪，使社会呈现出升平景象。仁宗还在京城思善门外建弘文馆，常与儒臣终日谈论经史，不知疲倦。他说："朕与诸卿讲论，觉得津津有味，但是一回后宫，对着内侍宫人就感到索然无味。"1425年五月，仁宗病死于宫内钦安殿。在位1年，终年48岁，葬于献陵。他的贤内助谭妃，自缢殉节，被谥为昭容恭喜顺妃。

献陵是明仁宗朱高炽和皇后张氏的陵墓，位于北京十三陵天寿山西峰之下，占地13.7万多平方米。陵园中部有座小山，叫"玉案山"，由左侧延伸而来，横贯东西。风水先生认为"此系龙脉不可轻动"，遂将陵园分前后两处建造。山前建有门楼、神厨、左右庑殿和祾恩殿。山后建有方城、明楼、宝顶和地宫。仁宗曾有"山陵制度务从俭约"的遗诏，所以献陵比长陵规模小而且简朴，为以后的明陵建筑树立了楷模。献陵的建筑，不仅维护了"龙脉不可损伤"的风水信条，而且使陵园山重水复，殿台错落有致，形成了人文与自然景观的和谐之美。

〔明〕宣宗朱瞻基景陵

明宣宗朱瞻基 (1398—1435)，明朝第五代皇帝。仁宗长子。1411年被成祖立为皇太孙。仁宗即位，他被立为皇太子。时值南京地震，仁宗命他前往居守。仁宗病危，召他回京。使者刚抵南京，仁宗已病死。六月回京继位，年号宣德。

宣宗在位期间，仍然任用三杨辅政，重视整顿吏治和财政，继续实行仁宗缓和社会矛盾的措施。时承永乐之后，社会较为安定，仓廪充盈，百姓乐业，史称“仁宣之治”。1426年八月，汉王朱高煦在乐安城 (今山东广饶县) 举兵反叛，宣宗亲统大军前去攻破了乐安城，迫使朱高煦出降。群臣都劝宣宗将他处死，但宣宗念他是藩王，免他一死，废为庶人，将他软禁于西安门内逍遥城。几年后，宣宗前去看望他，他不仅不拜，还用脚将宣宗钩倒在地。宣宗恼恨，命人将他处死。宣宗立内书堂，教小内使读书，宦官始通文墨，司礼监掌任及秉笔太监之权渐重。1435年正月，宣宗病死于北京乾德宫，在位10年，终年38岁，葬于景陵。

景陵是明宣宗朱瞻基和皇后孙氏的陵墓，位于天寿山东峰之下，距长陵东偏北800米。陵园制度，一遵献陵建制。建有祾恩门、祾恩殿、三座门、棂星门、石供案、方城、明楼、宝顶，宝顶因地势修成前方后圆的修长形状。清乾隆年间对明陵修缮时，景陵的祾恩门、祾恩殿均缩小重建，配殿和碑亭因残坏而拆除。1955年，国家拨款对景陵部分建筑进行了修缮。

明景陵(1996 年 8 月)

〔明〕英宗朱祁镇裕陵

明英宗朱祁镇（1427—1464），明朝第六代皇帝。宣宗长子。被宣宗立为太子，宣宗病死他继位，年号正统。

英宗即位时，年仅9岁，由三杨等辅政，社会经济有所发展，国家比较安定。但英宗年幼贪玩，宠信侍读太监王振。三杨相继去位后，王振开始专权擅政。1449年，蒙古贵族瓦剌太师也先南下犯明，英宗在王振挟持下率兵50万亲征。王振不懂军事，在土木堡（今河北怀来东南）战败，王振死，英宗被俘。史称“土木之变”。事变发生后，在京监国的朱祁钰（英宗弟）即位，是为代宗。1450年，英宗被也先释归，代宗尊他为太上皇，闲居南宫。1457年，代宗卧病在床，宦官曹吉祥勾结武清侯石亨，发动政变，迎南宫英宗登基，改年号天顺。史称“南宫复辟”。英宗复位后，杀于谦等功臣数十人，逐斥、革职者数百人。他仍重用宦官，政治日趋腐败。1464年正月，病死于文华殿。临终遗诏，禁止嫔妃殉葬。朝以活人殉葬至此结束。两次在位22年，终年38岁，葬于裕陵。

裕陵是明英宗朱祁镇与皇后钱氏、周氏的合葬墓，位于天寿山西峰石门山南麓，在长陵西北2公里。1464年二月始建，五月八日玄宫建成，葬入英宗梓宫。六月二十日，陵寝工程告竣，仅用了四个月的时间。裕陵地面建筑与景陵建制基本相同，惟祾恩殿没有后门，宝城与献陵相似。明朝前4座帝陵，都是埋葬一帝一后，而裕陵却葬二后。从此开创明代一帝多后合葬的先例。

明裕陵（1996 年 8 月）

〔明〕代宗朱祁钰景泰陵

明景泰陵祾恩殿（1997年4月）

明代宗朱祁钰（1428—1457），明朝第七代皇帝。宣宗子，英宗弟。被封为郕王。土木堡英宗被俘，朝中无主。郕王朱祁钰，在兵部尚书于谦、吏部尚书王文等大臣们的劝请下，接受了皇太后的谕旨，继皇帝位，遵英宗为太上皇，年号景泰。

代宗即位，安定了朝野，也使也先企图利用俘获的朱祁镇进行政治讹诈，骗占京城的阴谋破灭。不久，也先军攻至北京城下。代宗命于谦组织北京保卫战。于谦等调集重兵，赶造军械，出城迎敌。先后在德胜门、西直门、彰仪门外激战五日，击退瓦剌军。取得了北京保卫战的胜利，维持住了明朝的统治。1450年，也先主动求和，送回朱祁镇。1457年正月，代宗病重，不能临朝，忽听朝堂钟鼓齐鸣，忙命人去探视，方知是英宗复辟。他被废为郕王，软禁于西内。不久气死于永安宫，在位8年，终年30岁。英宗命毁其所建寿陵，葬明朝夭殇诸王墓地，明宪宗即位后，改为景泰陵。

明景泰陵碑亭（1997年4月）

景泰陵，俗称绝王坟，是明代宗朱祁钰和皇后汪氏的合葬墓。位于北京市海淀区四季青乡娘娘府，被圈在军队干休所院内。代宗死后，英宗不准他葬天寿山的皇陵区，毁其自建的寿陵，以郕王礼葬于金山口。明宪宗即位后，以叔父“戡乱保邦，奠安宗社”有功，恢复代宗帝号，并将成阝王墓扩建为皇陵。现在的景泰陵，还存有黄瓦的碑亭，亭内有乾隆年间立“太明恭仁康定景皇帝之陵”石碑一通，其后有祾恩殿、宝城。宝顶和封树已遭破坏，但其规制还清晰可见。

〔明〕宪宗朱见深茂陵

明宪宗朱见深（1447—1487），明朝第八代皇帝。英宗长子，1449年立为太子。英宗死后继位，年号成化。

宪宗即位后，平反了于谦冤案，恢复代宗帝号，调整了统治集团内部的矛盾。但他重用宦官汪直等专权，设置西厂，屡兴大狱，朝政日益腐败。社会矛盾尖锐，流民起义不断。他又宠幸万贵妃。宪宗两岁时，由比他大17岁姓万的宫女服侍，18岁即位时，封她为妃，获宠甚厚。次年，生一子，进封贵妃。不久，儿子夭折。她为了争宠，此后，凡嫔妃怀孕，她都设法使他们堕胎，甚至残害。宫女纪氏曾因被皇上留宿一夜而怀孕，万贵妃迫她堕胎，宫人伪称她是腹胀病，不是怀孕，万贵妃又把她囚禁冷宫“安乐堂”。纪氏在此生下小皇子后，由太监张敏将婴儿密藏喂养。后来张敏乘为宪宗梳头之机说出真情。宪宗惊喜万分，迎回皇子，取名祐樘，立为皇太子，晋封纪氏为淑妃。不久，淑妃和张敏先后暴死。

明茂陵（1996 年 8 月）

太后担心万贵妃对太子下毒手，就亲自带养，才使太子安全地生活在宫中。1487年八月，宪宗病死，在位23年，终年41岁，葬于茂陵。

茂陵是明宪宗朱见深和皇后王氏、纪氏、邵氏的合葬墓，位于长陵西北3公里的宝山（又称聚宝山）下。陵园形制大体如裕陵，但比裕陵稍大。明楼上有“大明宪宗纯皇帝之陵”石碑一通。宝城内琉璃照壁后面有左右两个方向的踏跺，这一点与其他各陵均不相同。茂陵是明代第一个一帝三后的合葬陵墓。

茂陵明楼(1995 年 9 月)

茂陵碑

〔明〕孝宗朱祐樘泰陵

明泰陵(1996 年 8 月)

明孝宗朱祐樘 (1470—1505)，明朝第九代皇帝。宪宗第三子，1475年被立为太子。宪宗病死后继位，年号弘治。

孝宗自幼在苦水中泡大，九死一生，所以即位后廉洁而贤明。他采取一系列治国方略，勤政爱民，整饬腐败。斥逐了宪宗时的佞臣和外戚，被定罪流放的达千余人。先后重用丘濬、刘健、李东阳等一批贤臣；为于谦建旌功祠；减少御用贡品，停省工役，及时赈济水旱灾害，兴修水利，时称朝序清宁。孝宗不近声色，爱情专一，他一生未册封妃嫔，只有五位夫人，使张皇后尽情地享受着丈夫的情爱。

孝宗也曾宠信过宦官李广，并迷信神仙。李广死后，他以为李广家中有天书，命人搜寻，却搜出了李广贪污、受贿的账本。他这才醒悟，从此远佞臣而近贤臣，孝宗不失为一位较好的皇帝。1505年五月病死，在位18年，终年36岁，葬于泰陵。

明泰陵明楼(1996 年 8 月)

泰陵是明孝宗朱佑樘与皇后张氏的合葬墓，位于长陵西北3.5公里的笔架山 (又称史家山) 的东南麓。1505年六月始建，1506年三月全部完工，其布局与茂陵相同。茂陵碑亭前西边即是泰陵神路，中有五孔石桥、碑亭、三道桥，进入祾恩门，迎面是祾恩殿五间，殿后明楼上有“大明孝宗敬皇帝之陵”石碑一通。现在泰陵的石坊、石五供和明楼均保存完好。

〔明〕武宗朱厚照康陵

明康陵(1996年8月)

明武宗朱厚照（1491—1521），明朝第十代皇帝。孝宗长子，1492年被立为皇太子。孝宗死后继位，年号正德。

武宗在位期间，重用宦官刘瑾等“八虎”，让他们分据要职，擅权跋扈。又宠信佞臣钱宁、江彬等人。他还纵容义子掠夺民田，扩建皇庄300多处。激起了刘六、刘七等农民起义。

武宗以荒淫和荒唐出名。他不满足于千门万户的皇宫，又另筑宫院，造密室于两厢，称作“豹房”，内藏美女，日夜作乐。换民装，闯民宅，寻花问柳。屡至宣府(今河北宣化）等地巡游。喜弄兵，自称威武大将军。1519年，宁王朱宸濠在南昌举兵反叛。武宗以亲征为名，南巡南京，沿途骚扰百姓，纵情玩乐。有一次，他去湖中网鱼，不慎落水，救起后，半晌才苏醒过来，自此开始生病。但他仍纵情荒淫，身体日益虚亏。1521年三月，武宗由于荒淫过度病死于豹房。在位16年，终年31岁，葬于康陵。

明康陵明楼(1996年8月)

康陵是明武宗朱厚照与皇后夏氏的合葬墓，位于泰陵西南1公里的金岭山（又名莲花山）东麓，俗称“恋”花山，借以对武宗一生寻花问柳，死于“花”下的讽刺。康陵建制一如泰陵，惟向口坐西向东。明楼毁于李自成起义军。清乾隆年间，对陵园重加修葺和改建。解放前，土匪企图挖洞盗宝，被砸死在洞内，使陵园珍宝幸免于难。

〔明〕世宗朱厚熜永陵

朱厚熜

明世宗朱厚熜（cōng，1507—1566），明朝第十一代皇帝。宪宗孙，兴献王朱祐杬长子，武宗堂弟。武宗病死，无子，由他继位，年号嘉靖，史称嘉靖皇帝。

世宗即位之初，革除先朝蠹政，诛杀了佞臣钱宁、江彬等，裁减旗校、军士、匠役24万余人，使朝政为之一新。世宗欲立其生父为皇考，引起廷臣纷争不已，致使奸臣窃权，正直大臣被贬黜或打死，弊政复兴。世宗尊尚道教，一心修玄，日求长生，不问朝政，由严嵩专国20年。吏治败坏，边事废弛，蒙古首领俺答汗不断寇边，倭寇频繁侵扰东南沿海。直至嘉靖末年，朝廷派戚继光去抗倭，戚继光组织农民、矿工与友军互相配合，经过十几年的战斗，基本肃清了浙、闽、粤的倭寇之患。世宗用人"忽智忽愚"、"忽功忽罪"，因而不少功臣被杀。1566年，户部主事海瑞，买好棺木，诀别妻儿，遣散家童，冒死上《治安疏》。指斥世宗君道不正，迷信妖妄，致吏贪将弱，民不聊生。希其幡然悔悟，讲求治道。世宗执迷不悟，仍将海瑞下狱。世宗因长期服用丹石成疾，1566年十二月病死，在位45年，终年60岁，葬于永陵。

永陵是明世宗朱厚熜与皇后陈氏、方氏、杜氏的合葬墓，位于长陵东南1.5公里的阳翠岭。1536年始建，1547年建成。占地面积25万多平方米，是继长陵之后规模最大、修建时间最长的一座陵园，建筑艺术虽不如长陵瑰丽壮观，但其建制规模不亚于长陵。祾恩门面阔5间，进深2间，规制与长陵相同，而超过其他各陵。祾恩殿面阔7间，祾恩门、祾恩殿的御路石雕，都是上等汉白玉石料，洁白莹润，璀璨照人。浮雕的龙、凤、山水图案，精美绝伦。永陵明楼，全系砖石结构，四角柱石系整块石料，坚固耐久，历400余年至今完好无损。楼内有“大明世宗肃皇帝之陵”石碑一通。永陵的方院和宝城之外，还有一道前七陵都没有的外罗城，外罗城之内，左列神厨，右列神库各五间。永陵“殿宇宏深，楼城巍峨，松柏苍翠，宛若仙宫。”由于建筑永陵，使国

明永陵（1996 年 8 月）

明十三陵石五供（1999 年 6 月）

库银两亏空，世宗采纳大臣们的意见，用变相卖官的办法，以济陵工。尽管如此，到世宗死后也没彻底完工。万历九年（1581），朝臣说，永陵宝城尚缺土三分之二，又经过一年的回填，工程才告结束。现在永陵的地面建筑，除明楼宝城外，其他已不复存在，而明楼的彩绘文石，仍异常壮观。

〔明〕穆宗朱载垕昭陵

明昭陵明楼(1996 年 8 月)

明穆宗朱载垕（hóu，1537—1572)，明朝第十二代皇帝。世宗第三子，1539年被封为裕王。世宗死后继位，年号隆庆。

穆宗即位后，严惩方士，取消斋醮。下令释放海瑞，后又任海瑞为右佥都御史巡抚应天。海瑞为官清廉，不畏强暴，执法公正，使贪官污吏不敢作恶，深得民心，被百姓称为“海青天”。穆宗采纳内阁大学士高拱、张居正的建议，与蒙古俺答汗议和，封他为顺义王，并在边界开设马市，互通有无，从而加强了汉蒙两族人民的团结。他又任戚继光为总兵官，镇守蓟州等地，加强长城沿线防御，使北部边境出现了历史上少见的和平安宁景象。升任李成梁为辽东总兵，大修战备，积极防御东北边患。1572年五月病死，在位6年，终年36岁，葬于昭陵。

昭陵位于长陵西南2.5公里的大峪山东麓。是在穆宗祖母未用的陵址基础上修建的，东南向。地面建筑的形制规模与泰、康陵相同。建有神功圣德碑亭、祾恩门、左右神帛炉、左右配殿、祾恩殿、三座门、

明昭陵(1996 年 8 月)

明昭陵碑亭（1996年8月）

棂星门、石供案、方城、明楼、月牙城（俗称哑巴院）、宝城、宝顶，陵前左侧有宰牲亭、神厨、神库等。总耗银200多万两，占当时财政收入（约230万两）的百分之八十六。明朝灭亡后，昭陵历经兵燹。1644年，明楼为李自成起义军焚毁。1685年三月五日，祾恩殿和两配殿又遭雷击起火，祾恩殿被彻底烧毁。清乾隆年间，对明十三陵进行重修时，昭陵的明楼、祾恩门、祾恩殿也被修葺一新。此后，200多年一直没有修缮。为了加强对文物的保护和利用，1985年，十三陵特区对昭陵进行修缮复原。1990年8月，主要工程竣工，作为旅游景点正式对外开放。而今的昭陵，建筑宏伟，金碧辉煌。

明昭陵祾恩殿（1996年8月）

〔明〕神宗朱翊钧定陵

明神宗朱翊钧（1563—1620），明朝第十三代皇帝。穆宗第三子。穆宗在位时立为太子，穆宗死后继位，年号万历，史称万历皇帝。

神宗即位时，年仅10岁，主要由张居正辅政。张居正为政以“尊主权、课吏职、信赏罚、一号令”为主，清丈全国土地，推行“一条鞭法”，整饬边备，裁汰冗员，治理黄河，使明王朝在政治、经济、军事等方面都有所振兴。1582年，朱翊钧亲政后，废止张居正的改革措施。他不常视朝，却大兴土木，营建宫苑。他又好财，派出大批宦官任矿监税使，去各地疯狂掠夺，激起人民不断起义。神宗后期不问边计，对塞外女真蚕食疆土不以为意。在萨尔浒（今辽宁抚顺东南）惨败后，明对后金取守势，无力进攻。在明与后金的战争中，神宗三次下诏增派辽饷，加重了对内地人民的剥削，民族矛盾与阶级矛盾日益激化，《明史·神宗本纪》指出：“明之亡，实亡于神宗。”1620年七月病死，在位48年，终年58岁，葬于定陵。

定陵是明神宗朱翊钧和他的两位皇后孝端王氏、孝靖王氏的合葬墓，位于昭陵北的大峪山东麓，占地18万平方米。1585年始建，历时6年完成，共耗银800万两，相当于万历中期两年的全国赋税总收入。定陵建筑，完全仿照永陵，如明楼的斗拱、额枋全部用石料，陵外加筑一道外墙等。结构严谨，布局周密，施工精细，美妙绝伦。由于两次战火的焚烧，如今的祾恩门和祾恩殿，仅存台基遗址。明楼因是用砖石建造，至今仍坚固如常。

明定陵（2001年10月）

明定陵外景(2001 年 10 月)

1956年，经国务院批准，对定陵进行发掘。定陵是一座无与伦比的地下宫殿，纵深长67米，地宫总面积为1195平方米。由前、中、后、左、右五个殿堂组成，全部为石结构，内无梁架，均为石拱券。后殿（又称玄堂），南北长30多米，东西宽9.1米，高9.5米。在宽大的石棺床上，并排停放神宗皇帝和孝端、孝靖皇后的棺椁。出土各类器物2600多件，尤其是用金线织成的重1.6斤的金冠和缀满金龙翠凤并有150多颗各色宝石的凤冠，是稀世珍宝。

明定陵明楼(2000 年 10 月)

明定陵无字碑(1998 年 5 月)

〔明〕光宗朱常洛庆陵

明光宗朱常洛（1582—1620），明朝第十四代皇帝。神宗长子。神宗病死后继位，年号泰昌。

朱常洛为神宗王恭妃所生，4年后郑妃生子常洵。神宗宠爱郑妃，进其为皇贵妃。为立太子朝臣意见分歧，双方争论不已，前后延续达15年之久。1601年才立常洛为太子，这件事，史称“争国本”（国本即太子）。

1615年五月，蓟州农民张差，手持枣木棍打入太子居住的慈庆宫，击伤守门官。被执后，供认为郑贵妃手下太监庞保、刘成所指使。时人怀疑郑贵妃欲谋害太子，以扶立常洵，郑贵妃向太子极力表白。神宗和太子均不愿追究，下令处死张差、庞保、刘成。这件事史称“梃击案”。

光宗即位后，郑贵妃进美女四人，光宗恣意淫乐，不久患病。内医崔文升进泻药，病情加重。接着鸿胪寺丞李可灼给他服下两粒红丸，光宗次日死去。有人怀疑是郑贵妃所指使，崔、李被遣往外地，史称“红丸案”。光宗在位仅一个月，终年39岁，葬于庆陵。

庆陵是明光宗朱常洛和皇后郭氏、王氏、刘氏的合葬陵墓。位于长陵西北1.5公里的黄山寺二岭南麓。光宗死得突然，加之国力空虚，一时难以新选陵址，遂选用景泰皇帝为自己修建而一直未用的寿陵陵址，俗称景泰洼。1621年三月，开始动工，七月末玄宫告竣。九月四日，光宗和孝元、孝和两位皇后入葬。1624年十月，地面建筑全部完工。1627年十二月，崇祯皇帝将生母“孝纯皇太后”，由西山迁葬庆陵。

明思陵（1996 年 8 月）

〔明〕熹宗朱由校德陵

明德陵明楼(1996 年 8 月)

明熹宗朱由校 (1605—1627)，明朝第十五代皇帝。光宗长子。光宗死时，朱由校年仅16岁，抚育他的李选侍与心腹太监李进忠 (即魏忠贤) 密谋，企图据乾清宫操纵朝政。给事中杨涟、御史左光斗等得知消息，抢先一步，入宫拥太子登舆，至文华殿，转移入慈庆宫，立朱由校即位，年号天启。后迫使李选侍迁居哕鸾宫，这件事史称“移宫案”。

梃击、红丸、移宫三起政治案件，总称三案，是明末宫廷统治集团争权斗争的反映。

熹宗在位期间，荒怠朝政，宠信乳母客氏和宦官魏忠贤把持朝政。三案代表人物均系东林党人，由于政治极度黑暗，国内爆发了农民大起义，明王朝面临末日。1627年八月，熹宗因长期服用“仙药”，浑身水肿而病死，在位7岁，终年23岁，葬于德陵。

德陵是明熹宗朱由校与皇后张嫣的合葬墓，位于长陵东南2.5公里的潭峪岭的西麓。1627年九月始建，1632年二月竣工。建陵所需白银200万两，由于当时明王朝面临着严重的政治和经济危机，所以，思宗皇帝只能拨给50万两，因而工程进展缓慢。思宗命捐资营陵，他自己从膳食费中拿出白银1.5万两，后妃捐助1.08万两，大小官员各有捐助。德陵总体布局仿照昭陵，部分建筑仿照庆陵，但规模不太大，工程质量低劣。德陵建筑与各陵惟一不同的是，明楼内龟趺图案，一般以云龙为主，而德陵的前面和左右雕刻的是道教的“八宝”，背面是佛教的“八吉祥”图案。德陵于1636年被清兵焚毁。清乾隆年间，对德陵又进行了修缮。现在德陵的建筑大部分毁坏。

明德陵前的石碑(1996 年 8 月)

［明］思宗朱由检思陵

明思宗朱由检 (1611—1644)，明朝末代皇帝。光宗第五子，熹宗弟。熹宗无子死后由他继位，年号“崇祯”，史称崇祯皇帝。

思宗即位后，清除阉党，杀魏忠贤，起用东林党人，日理朝政不怠。当时后金政权日益强大，农民起义方兴未艾，明朝面临两面作战。他调动军队，增加赋税，加重了农民负担，他又多疑善猜，刚愎自用，冤杀了抗击后金将领袁崇焕。屡下“罪己诏”，但口惠而实不至。终于无法挽救明朝的危亡。

1644年三月十九日，李自成率军攻入北京，思宗闻报，哀声长叹，徘徊无语。接着他命后妃殉国，又召来15岁的公主，流着泪说：“你为什么要降生到帝王家啊!”说罢，拔刀砍死公主。然后咬破手指写了一道给李自成的血书，说自己的尸身任你们分割，只是不要去伤害百姓，他将血书藏入衣内，登煤山 (今景山)，自缢于寿皇亭。在位17年，终年34岁。明朝亡。历16帝，共277年。李自成进城后，搜出血书，将他葬于思陵。

明思陵(1996 年 8 月)

思陵是明思宗朱由检和皇后周氏、皇贵妃田氏的合葬墓，位于长陵西南5公里的鹿马山南麓。思陵原是田贵妃墓。思宗生前没有建寿陵，又死于战乱，李自成命人将他与周皇后装入无椁的柳木棺内，安葬于田贵妃墓中，打开田贵妃墓，将田贵妃棺由椁内抬出，置于石床右侧，再将周皇后棺置于石床左侧，最后将思宗的棺木放入田妃椁中。以石灰起冢，封土高1.3米。从此，田贵妃墓改为思陵。清初为思陵又修建了享殿、配殿、明楼等地面建筑，明楼内有“庄烈愍皇帝之陵”石碑一通。楼后无宝城，以2米高围墙环绕。思陵是明十三陵中最小的一座，也曾屡遭劫难，残毁十分严重，现在已得到应有的保护。

明崇祯皇帝自缢的歪脖树

〔清〕太祖努尔哈赤福陵

努尔哈赤

清太祖努尔哈赤(1559—1626),后金开国君主,清朝奠基人。

努尔哈赤早年丧母,自立为生。后因生活所迫,离家从戎,投到明辽东总兵李成梁部下,屡立战功。他还勤奋好学,粗通汉文,受汉文化影响很深。努尔哈赤的祖父觉昌安为建州左卫都指挥,父亲塔克世为建州左卫指挥。1583年,建州左卫苏克素护部图伦城主尼堪外兰引导明军镇压阿台,觉昌安、塔克世也随军同往。在攻打古埒城时,明军在尼堪外兰唆使下,误杀了觉昌安和塔克世。明廷为了报偿其祖、父的冤死,任努尔哈赤为建州左卫都指挥使。同年以十三副遗甲起兵,用了三十多年时间,基本统一女真各部,期间使人创制满文,创建军政合一的八旗制度。1616年在赫图阿拉(今辽宁新宾)称汗,国号金,史称后金,年号天命。1619年,在萨尔浒之战中,他选择有利战机,各个击破大败明

清福陵(1993 年 9 月)

军，取得了战略转折性的胜利。1621年，又攻占沈阳、辽阳等70余城，辽河以东尽为后金所有。1625年迁都沈阳。次年进攻宁远(辽宁兴城)，被击败受伤，同年八月逝世。在位11年，终年68岁，葬于福陵。

清福陵内的华表

福陵位于辽宁省沈阳市东10公里的天柱山，俗称“东陵”。建于1629—1634年。占地19.4万平方米，背倚天柱山，前临浑河。陵周绕以矩形围墙，南面正中为正红门，门内神道两侧苍松翠柏之间排列着四对驼、马、虎、狮的石像生。往北顺山势修筑了一百零八蹬石阶。传说“三十六天罡星”和“七十二地煞星”是不吉祥的星宿，“一百单八蹬”表示将天罡、地煞一百零八个星踩于足下，以保福陵及后代平安无事。登上石阶，过石桥，正中为碑楼，内立康熙亲撰“大清福陵神功圣德碑”。碑楼两侧有祭祀用茶果房、宝顶下面就是埋葬死者的地宫。

清福陵隆恩门(2004 年 9 月)

福陵气势宏伟，幽静肃穆。蓝天白云之间，松涛林海，隐约现出红墙金瓦，把传统的帝王陵墓建筑艺术与女真族的山城建筑风格作了巧妙的结合。

〔清〕太宗皇太极昭陵

皇太极

清太宗皇太极（1592—1643），后金第二代君主，大清创建者。太祖第八子。1626年太祖死，他被推举继汗位，年号天聪。1636年去汗称帝，改国号为大清，年号崇德，更女真族为满洲族（辛亥革命后通称满族）。

太宗继位后，大力推行封建化改革，加强中央集权。相继征服了蒙古和朝鲜，并对明朝频频用兵，步步进逼，将西部边界扩张至锦州、宁远（辽宁兴城市）一线。他积极吸收汉族文化，仿用明朝官制，增设蒙古八旗和汉军八旗，译汉书，改满文，开科举，吸收汉人参政，使满族进入封建社会。

清昭陵（2004 年 9 月）

皇太极是位杰出的政治家、军事家。一生勤于政事，勇于战阵，诸多军国大事，事必躬亲。由于精神长期处于高度紧张，积劳成疾。1641年九月，他宠爱的宸妃病殁，使他极为哀痛。朝思暮想，病情渐重。1643年八月九

清昭陵陵寝（2004 年 9 月）

清昭陵隆恩门(2004 年 9 月)

日，他于盛京清宁宫东暖阁的南炕上中风而死，在位17年，终年52岁。火化后，骨灰葬昭陵。

昭陵位于辽宁省沈阳市旧城北，俗称北陵。建于1643—1651年，是清代关外三陵中规模最大的一座。占地330万平方米，是我国古代建筑艺术与满族独特的建筑风格的结晶。陵园四周有缭墙围绕，南墙正中为正红门，面阔三间，两侧墙上镶嵌琉璃蟠龙。门外自南向北依次为下马碑、华表一对，石狮一对，三孔石桥、石牌坊各一座。门内神道两侧立有华表一对，石兽六对。其中石马名曰“大白”和“小白”。据说是仿照皇太极生前的两匹心爱的坐骑雕琢的。北部正中建有碑楼，内竖康熙御笔的“大清神功圣德碑”，碑楼东西两侧有茶膳、涤器等房。陵园后部是主体建筑，为城堡式方城。四隅建有角楼。南墙正中为隆恩门，上建三重檐黄硫璃瓦歇山顶门楼。方城正中为隆恩殿，面阔、进深各三间，黄琉璃瓦

沈阳北陵公园(清昭陵)正门(2004 年 9 月)

清昭陵石牌坊(2004 年 9 月)

清昭陵角楼(2004 年 9 月)

顶，雕梁画栋，富丽堂皇。殿前东西有配殿，殿后为明楼，内立“太宗文皇帝之陵”石碑。方城后面是月牙形宝城，宝城后面是人工修筑的隆业山，以寓帝业兴隆之意。昭陵虽建于平地，但崇楼大殿掩映在苍松翠柏之间，金瓦红墙，楼榭湖光，相映成趣，风景幽美，蔚为大观。

清昭陵华表

清昭陵石刻

［清］世祖福临孝陵

福临

清世祖福临（1638—1661），清朝入关后第一代皇帝，太宗第九子，母孝庄文皇后。太宗死后继位，年号顺治，习称顺治皇帝。

顺治即位时，年仅6岁，由其叔父多尔衮摄政。1644年，清军在降将吴三桂指引下进关，击败李自成军，同年迁都北京。下令圈占土地，推行“逃人法”等。这些野蛮的掠夺政策，激起全国人民新的抗清高潮。顺治派兵镇压时，采取“抚”重于“剿”的策略，使局势逐渐好转。1650年多尔衮病死后亲政。皇帝直辖上三旗（正黄、镶黄、正白）始成定制。顺治爱好绘画，尤其擅长山水画和人物速写。他喜读汉书，对左史庄骚，先秦两汉，唐宋八大家，以及元明戏曲，无不涉猎。渐悟儒家“文教治天下”的道理。在推行汉化方面，他既胜过他的父辈，又深刻影响到他的后代。1660年八月，他宠爱的贵妃栋鄂氏突然病死，他悲痛欲绝，决意削发出家，经劝阻才重新蓄发留俗。1661年正月，因患天花，于养心殿逝世。在位18年，终年24岁，火化后葬于孝陵。

孝陵位于河北省遵化市马兰峪西的清东陵。清东陵是清代皇陵区，清朝定都北京后，分别于东边的遵化和西边的易县建皇陵，故称清东陵、清西陵。清东陵整个陵区沿燕山余脉的昌瑞山南麓而建，占地约2500平方公里。这里葬有帝、后、妃、王、公主等160余人。

清孝陵（2002 年 4 月）

孝陵建于1661—1664年，背靠昌瑞山，面对金星山。陵区南端有天台、烟墩两山对峙，两山之间为兴隆口（也称龙门口），是孝陵天然的南大门。

进入龙门口，是巨大的石牌坊，为五门六柱十一楼，通高12.48米，面阔31.35米。由石牌坊至宝顶是宽12米，

清孝陵华表

长5.5公里的神道，用三层巨砖铺成。石牌坊北是大红门，它既是孝陵的大门，也是整个陵区的总门户，面阔38米，进深11.15米。大红门前面有左右班房各三间，东北角有具服殿三间，是谒陵人更衣之所。神道上排立石像生18对，威武雄壮。神道正中是大碑楼，内立神功圣德碑，楼外四角各有华表一根。大碑楼北竖立着三间六柱的龙凤门。再北是七孔桥，此桥神奇别致，轻轻敲击桥栏板，便会发出清脆悦耳的音响。它是以古韵律"宫、商、角、徵、羽"五音组成，故又称"五音桥"。

孝陵陵寝建筑由神道北端的碑亭开始，碑亭东面是神厨库，碑亭北，东西两侧各有一座五间的朝房，东为茶膳房，西为饽饽果品房。朝房之北为三间班房，是守陵兵丁值班室。班房北是隆恩门，面阔五间，进深两间。进入隆恩门，东西各有配殿五间，配殿南侧有焚帛炉。隆恩殿位于配殿之北，面阔5间，内共世祖皇帝和孝康、孝献皇后的神牌。隆恩殿后面是陵寝门，也叫三座门，以此门为界，分隔成前朝和后寝两部分。进陵寝门，便是二柱门、石五供、明楼，楼内竖有石碑，镌刻满蒙汉三种文字："世祖章皇帝之陵"。明楼下为方城，方城两边有高墙，绕墓一周，叫宝城。方城与宝城之间有个院落，叫月牙城。宝城中间的大土丘，就是帝后的坟墓，名叫宝顶，宝顶下边是地宫。

清孝陵隆恩殿(1995 年 5 月)

仿清代祭祖表演(2002 年 4 月)

遵循满族祖先风俗，顺治皇帝火化后，骨灰装入罐内，称为"宝宫"。因为里边没有金银珠宝，所以成为清东陵惟一没有被盗的陵墓。

孝陵规则恢宏，体系完备，占地广阔，是清代规模最大的陵寝，是清东陵的首陵。以孝陵为中心，其他各帝后陵均分布于东西两侧。

[清] 圣祖玄烨景陵

玄烨

清圣祖玄烨 (yè，1654—1722)，清入关后第二代皇帝。顺治第三子，顺治病死后继位，年号康熙，史称康熙皇帝。

康熙即位时，年仅8岁，由鳌拜等四位大臣辅政。鳌拜擅权欺主。1667年康熙亲政后杀鳌拜。停止圈地，奖励农耕，整治黄河；平定了三藩之乱，收复台湾，使中国重新统一；驱逐了入侵后盘踞在雅克萨的沙俄军，与沙俄签定了《尼布楚条约》，确定了中俄东部边界线；平定回疆、准噶尔等反动贵族的叛乱；笼络汉族官吏，团结汉族知识分子；设馆编《明史》，组织编纂《古今图书集成》、《康熙字典》等书。康熙统治时期，中国成为疆域辽阔、统一繁盛的国家，社会稳定，经济文化得到发展。他曾屡兴文字狱，镇压农民军。

康熙好学敏求，5岁开始读书，学习勤奋，身体强健，骑射娴熟。一生勤于政务，“未明求衣，辨色视朝”，是清代颇有作为的政治家和圣明君主。1722年十一月十三日病逝，在位61年，终年69岁，葬于景陵。

清景陵(1995 年 5 月)

清景陵牌楼（1998 年 5 月）

景陵位于河北省遵化市东陵乡昌瑞山南麓的清东陵区内，距顺治孝陵东南1公里。建于1676—1681年。主要建筑有大碑楼、五孔神路桥、石像生、牌楼门、神道碑亭、东西朝房、三孔神路桥、东西值房、隆恩门、东西燎炉、东西配殿、隆恩殿、陵寝门、二柱门、石五供、方城、明楼、宝城、宝顶、地宫等。规模宏大，建筑完备。景陵废除火葬，改用棺椁入葬制度，其规制及葬制，成为后世清陵效法的楷模。1945年，景陵被盗，地宫珠宝被洗劫一空。

景陵三面环山，松柏滴翠，果树飘香，风景秀丽。康熙生前死后有许多美丽动人的传说，前来瞻仰的人络绎不绝。

清景陵神道（1998 年 5 月）

清景陵石刻

胤禛

〔清〕世宗胤禛泰陵

清世宗胤禛（1678—1735），清入关后第三代皇帝。康熙第四子，康熙在位时封为雍亲王。康熙死后，他在步军统领隆科多和大将军年羹尧的帮助下继承帝位。年号雍正，习称雍正皇帝。

雍正即位后，镇压了曾与他争夺皇位的诸兄弟，贬斥康熙的亲信，对谙知其争位内情的年羹尧责令自尽，隆科多圈禁致死。他设军机房（后称军机处），削夺内阁与议政王大臣之权，取消诸王对下五旗军队的控制，使皇帝更加集权于一身。

清泰陵陵寝（1995 年 4 月）

在位期间，在西南地区推行“改土归流”，促进其社会发展；平定了青海和硕特部贵族的叛乱，反击了准噶尔部贵族的骚扰；与沙俄签订《布连斯奇条约》和《恰克图条约》，划定中俄中段边界。他也大兴文字狱，镇压反清思想。

雍正勤于政务，对清代历史发展有一定贡献。但他统治严酷，猜忌多疑。在位13年，1735年八月，雍正卒，终年58岁，葬于清西陵的泰陵。

清泰陵（1995 年 4 月）

清西陵是清代皇陵区，位于河北省易县西15公里的永宁山下。陵区面积225平方公里，建筑面积50万平方米。葬有帝、后、妃、王、公主、阿哥等76人。

胤禛生前曾在清东陵九凤朝阳山选了陵地，据《工科史书》记载，那里“规模虽大而形局未全，穴中之土又带砂石，实不可用”。于是胤禛又派大臣在易州(今易县) 另选了“万年吉地”。这里北有永宁山，南有易水河，堪称“乾坤聚秀之区，阴阳会合之所，龙穴砂石，无美不收。形势理气，诸吉咸备”。据此，胤禛决定在此建陵。

清泰陵隆恩殿(1998 年 4 月)

清泰陵明楼(1998 年 5 月)

泰陵建于1730—1737年，命名为泰山陵，简称泰陵。它是清西陵中建筑最早，规模最大，体系最完整的一座帝陵。主要建筑有五孔桥、石牌桥、大红门、圣德神功碑、华表、石像生、龙凤门、三路三孔桥、神道碑亭等。进入隆恩门，正面为面阔五间的隆恩殿，殿后是三座门、二柱门、石五供、方城明楼、宝顶，宝顶下是地宫。雍正皇帝死因不明，一说病死，一说服丹药中毒而亡，一说遭仇弑，被削首，故铸金头以求完尸入葬。泰陵地宫是否有金头有待考证。

清泰陵碑亭(1998 年 5 月)

永福祠(1995 年 4 月)

〔清〕高宗弘历裕陵

弘历

清高宗弘历 (1711—1799)，清入关后第四代皇帝。雍正第四子，1733年封宝亲王。1735年按雍正密诏继皇位，年号乾隆，习称乾隆皇帝。

乾隆在位期间，励精图治，鼓励垦荒。相继平定准噶尔部、大小和卓、大小金川之乱。抗击廓尔喀的入侵，镇压台湾林爽文起义。拒绝英使马戛尔尼提出的侵略性要求，维护国家主权。称各次战争为“十全武功”，自称“十全老人”。他倡导汉学，编《明史》、《四库全书》等。乾隆末年人口增长到3.7亿，成为亚洲最强大的封建国家。康、雍、乾时期，经济繁荣，社会稳定，国力鼎盛，史盛“康乾盛世”。

乾隆迭兴文字狱，刑戮甚残，官吏望风生意，讦告盛行。他巡游无度，土木繁兴，耗资甚巨。乾隆后期，世风日下，宠信和珅，吏治败坏，贪污案屡诛不止。内外矛盾激化，反清起义频繁。在位60年，传位第十五子颙 (yóng) 琰。自为太上皇，仍掌军国大政，成为中国历史上掌权时间最长的皇帝。1799年病死于养心殿，终年89岁，葬于裕陵。

清裕陵(1998 年 5 月)

裕陵位于河北省遵化市东陵乡昌瑞山南麓的胜水峪，居顺治帝孝陵西约1公里。

裕陵建于清

清裕陵隆恩殿(1997 年 8 月)

朝盛世，其规模稍逊孝陵，但建筑壮美、工艺精湛、布局严整皆居清陵之冠。整个陵寝由神功圣德碑亭、五孔桥、石像生、牌楼门、神道碑亭、隆恩门、配殿、隆恩殿、方城、明楼、宝顶、地宫等主体建筑组成。地宫内葬有一帝二后三贵妃。地宫面积327平方米，进深54平方米，由三堂四门构成“主”字形，全部是无梁柱的拱券石结构。其显著特点是，四壁和券顶雕刻有八大菩萨、四大天王、五方佛、五供、八宝、佛经等，形态逼真，它既是石雕艺术宝库，又是地下佛堂。随葬品价值连城。1928年，军阀孙殿英动用工兵，用炸药将裕陵地宫炸开，劈棺扬尸，盗走了随葬的全部奇珍异宝。奇怪的是，地宫中6具尸体，有5具变成了一堆白骨，而嘉庆皇帝的生母孝仪皇后却是一具完整的女尸，皮肉无损，面目如生。同葬一穴，又入葬153年之久，独她没有腐烂，至今是个难解之谜。

1978年，裕陵地宫正式向游人开放，是继明定陵之后又一座风格独特的地下宫殿。

清裕陵明楼(1998 年 5 月)

清裕陵地宫内的浮雕

〔清〕仁宗颙琰昌陵

颙 琰

清仁宗颙琰（1760—1820），清入关后第五代皇帝，乾隆第十五子，封为嘉亲王。1796年受乾隆禅让继位，年号嘉庆，习称嘉庆皇帝。

嘉庆即位时，政事仍由太上皇决定。1799年，乾隆死后亲政。不久，逮捕和珅，数其20大罪，责令自尽。抄出家财主要有：田地8000顷，当铺75家，银号42家，古玩铺13家，貂皮衣服1500件，以及金银、珠宝等，约值白银10亿两。当时朝廷年收入约7000万两。民间有“和珅跌倒，嘉庆吃饱”的谚语。嘉庆多次减免各地田赋，整顿吏治，但由于土地高度集中于大官僚、大地主手中，农民大量破产、流亡，农民起义纷纷爆发。1803年二月二十日清晨，嘉庆进宫斋戒，经过神武门时，突然冲出一人向他行刺，侍卫经过一番搏斗将他擒住。此人叫陈德，是个平民，因贫困无告，舍身潜入皇宫，准备刺杀皇帝。事后，陈德一家被残杀。1820年七月二十五日，嘉庆病死于避暑山庄。在位24年，终年61岁，葬于昌陵。

清昌陵（1995 年 4 月）

清昌陵陵寝(1995 年 4 月)

昌陵位于河北省易县清西陵，在泰陵西1公里的宝华峪。原是乾隆帝为自己选定的万年吉地，后乾隆有旨谕：“嗣后吉他，各依昭穆次序，在东陵、西陵界内分建。”意思是父子两代皇帝不可在同一陵区建陵。所以乾隆又在东陵另选了陵地，与祖父康熙景陵相守，把西陵太平峪赐给儿子嘉庆，让其与祖父雍正为伴。昌陵建于1796—1803年，其建筑规模与泰陵大体一致，但昌陵隆恩殿地面为紫花石铺墁，又称豆瓣石，磨光烫蜡，不滑不涩。石面呈黄色，缀以天然的紫色花纹图案，其状如竹笋、似春蚕、若芙蓉、像秋菊。被阳光照射，千姿百态，五彩缤纷，犹如满堂宝石。

清昌陵隆恩殿(1998 年 5 月)

清昌陵明楼(1998 年 5 月)

〔清〕宣宗旻宁慕陵

旻宁

清宣宗旻宁（1782—1850），清入关后第六代皇帝。嘉庆次子，嘉庆死后继位，年号道光，习称道光皇帝。

道光在位期间，土地急剧兼并，农民无地可耕，而人口却迅速增长。1741年人口为1.4亿，到1840年增至4.1亿。仅100年，人口增加近两倍，但耕地未增加，人多地少，饥民遍野，民众起义不断。1838年因英、美大量输入鸦片和白银外流，造成“兵弱银涸”的局面。道光支持林则徐等人的禁烟行动。1840年，鸦片战争爆发，清庭举棋不定，时战时和，最后妥协。1842年七月，签订了近代史上第一个丧权辱国的《南京条约》。不久，又签订了《望厦条约》、《黄埔条约》，从此，中国沦为半封建半殖民地社会。道光在立太子上也犹豫不决。一天，他要去打猎。第四子奕詝，按照老师出的主意，别人打猎，他坐着不动，至晚一无所获，被道光训斥，奕詝说：“眼下春回大地，鸟兽正在孕育，儿臣不忍心去伤害他们。”道光听了转怒为喜，密诏其为继承人。道光在位30年，1850年病死，终年69岁，葬于慕陵。

清慕陵陵寝（1998 年 5 月）

慕陵是道光皇帝和三位皇后的陵墓，位于河北省易县西陵镇，在泰陵西南6公里的龙泉峪。按照乾隆帝定的埋葬制度，道光在清东陵选择宝华峪建造陵寝。1827年九月，将皇后棺椁移葬于宝华峪地宫。据说，一天夜里，道光做了一个噩梦，梦见皇后披头散发，在一片汪洋中挣扎呼救。他惊醒后，心里不安，担心皇后的遗体遭受不幸。不久，道光打猎经过东陵，顺便去宝华峪视察，在地宫发现存有积水，噩梦应验了现实。于是，他命拆除宝华峪工程，另在清西陵的龙泉峪重建陵寝。1835年十二月，又将皇后迁葬于龙泉峪。道光接受了东陵宝华峪地宫浸水的教训，在龙泉峪选择高平之地建陵寝。1831年始建，1835年建成。先葬入三个皇后，1852年，道光帝死后，葬入慕陵地宫。慕陵裁撤了圣德神功碑楼、华表、石象生、方城、明楼、二柱门等建筑。建有：五孔桥、龙凤门、神道碑亭、神厨库、一路三孔桥、朝房、班房、隆恩门、配殿、隆恩殿、御带河、石牌坊、石五供、三路石阶踏跺、宝顶和地宫。陵寝周围植有数百株奇异的古松。建筑规模虽小于泰、昌陵，但风格独特，隆恩殿、配殿均为楠木结构，不施彩绘，本色原木浮雕烫蜡，光滑整齐，这在历代帝陵中堪为一绝。门窗、雀替、隔扇、天花藻井等处，雕刻着云龙、蟠龙1318条。道光认为，宝华峪地宫浸水，是因为群龙钻穴吐水所致，若把龙请到天上来，龙就会在天上争水而不往地宫吐水了。能工巧匠们，按照道光的旨意，在金丝楠木上，雕出了多龙争水的场面。龙头高出龙身半尺多，张口鼓腮，造形生动，栩栩如生。殿身和围墙不挂灰，不涂红，磨砖对缝，平摆灌浆，显得典雅肃穆，朴实凝重。

清慕陵（1998 年 5 月）

清慕陵陵前的石五供（1998 年 5 月）

清慕陵隆恩殿（1998 年 5 月）

〔清〕文宗奕詝定陵

奕詝

清文宗奕詝（1831—1861），清入关后第七代皇帝。道光第四子，按道光密诏继皇位，年号咸丰，习称咸丰皇帝。

咸丰即位后，派兵镇压太平天国起义。1856年英、法发动第二次鸦片战争，咸丰妥协求和，签订了《天津条约》。1860年英、法联军攻入北京，咸丰逃往热河（今河北承德）。侵略军一路烧杀抢掠，焚毁圆明园，金银珠宝和珍贵文物被抢一空。咸丰派其弟恭亲王奕䜣与英、法签订了《北京条约》。沙俄以"调停"有功，逼迫奕䜣订立中俄《北京条约》。这些卖国条约的签订，进一步助长了侵略者的气焰。

咸丰生活荒淫，即位后第二年就下令选秀女，他尤其宠爱兰贵人（即慈禧）。他又破祖宗规制，选汉族秀女入宫，其中受宠者是牡丹春、杏花春、武林春、海棠春，时称"四春娘娘"。这位花花天子，由于荒淫无度病入膏肓。在位11年，1861年七月病死于避暑山庄，终年31岁，葬

䜣

清定陵（1995年5月）

于定陵。

清定陵陵寝(1995 年 5 月)

定陵位于河北省遵化市的清东陵，在乾隆裕陵西1.5公里的平安峪。

定陵建于1859—1866年，因当时财政困难，将道光帝废弃的宝华峪陵寝的石、砖料用来建定陵。定陵主要建筑有方城、明楼、宝顶、地宫。琉璃花的陵寝门。大殿的月台上设铜鹿、铜鹤各一对，隆恩门前建三路三孔拱桥、神道碑亭、牌楼门和五对石像生，神道与孝陵神道相接。大多遵从祖制，裁去圣德神功牌、二柱门。建筑集中，布局严谨，有自己的特点，起到了承前启后的作用。

定陵于建国前遭到严重破坏，地宫被盗掘一空。1984年开始修缮，1989年对外开放。

清定陵碑亭(1998 年 5 月)

清定陵石刻

〔清〕穆宗载淳惠陵

载淳

清穆宗载淳（1856—1874），清入关后第八代皇帝。咸丰长子（母慈禧太后），咸丰死后继位，年号祺祥，后改同治，习称同治皇帝。

同治即位时，年仅6岁，由载垣、端华、肃顺等八位顾命大臣辅政。慈禧太后和奕䜣合谋发动宫廷政变，乘皇室从热河回北京之机，杀死载垣、端华、肃顺等人，夺取了政权。由慈安、慈禧两太后“垂帘听政”，实则慈禧掌权。从此她走上与外国侵略者勾结的道路。清政府实行“借洋兵剿逆”的政策，镇压了太平天国、捻军、苗民、回民等起义，延缓了清王朝统治的危机。

1873年同治亲政，无所作为。同治生活荒淫比咸丰更甚，他有许多后妃，却常常换上民装，溜出皇宫，去南城娼妓区寻花问柳，据说还染上了梅毒病。1874年十二月初五日，因患天花而病死（一说死于梅毒）在位13年，终年19岁，葬于惠陵。

清惠陵(1995 年 5 月)

惠陵位于河北省遵化市东陵乡的清东陵，在康熙景陵东南3公里的双山峪，同治是清朝皇帝中寿命最短、亲政时间也最短的皇帝。他生前未建陵，死后才由两宫太后为他选定万年吉地。惠陵主要建筑有：五孔桥、望柱、牌门楼、神道碑亭、神厨库、三路三孔桥、朝房、班房、

清惠陵石牌坊(1997 年 4 月)

宫门、焚帛炉、配殿、隆恩殿、陵寝门、石五供、方城、明楼、宝顶、地宫。惠陵没有圣德神功碑、二柱门和石象生，是清东陵五座帝陵中规制最低的一座。但惠陵的主体梁架是用外国进口的桫楠木。材料珍贵，质地坚硬，俗称“铜操、铁操”，故惠陵素有“铜梁铁柱”之称。这在清朝前代各陵是独一无二的。惠陵梁柱，虽经120多年的风雨剥蚀，至今仍无糟朽之处。

1945年末，惠陵被土匪盗掘，随葬珠宝被抢一空。

清惠陵碑亭(1997 年 4 月)

清惠陵功德碑

〔清〕德宗载湉崇陵

清德宗载湉（tián,1871—1908），清入关后第九代皇帝。咸丰弟醇亲王奕譞（xuān）子，慈禧外甥。同治死，无子，由他继位，年号光绪，习称光绪皇帝。

载湉

光绪即位时，只有4岁，由慈禧太后“垂帘听政”。1889年太后“撤帘归政”，但仍掌握大权。清政府内形成拥皇帝的（帝党）与拥太后的（后党）之间矛盾。甲午战争时期，帝党主战，后党主和。甲午战后，中国的民族危机日益加深，光绪决心变法图强。1898年六月十一日，下“明定国事”诏书，宣布变法。召见了康有为，梁启超等人。革除后党顽固派，起用维新人士。在政治、经济、军事、文教等方面进行变革，他是“百日维新”的实际决策者，但遭到后党的抗拒。九月二十一日，慈禧太后发动政变，推翻新政，光绪被囚禁于瀛台。1900年八国联军逼近北京时，他被太后挟持逃亡西安。还京后，慈禧让其备位随朝，以欺天下视听。光绪在位34年，1908年十月二十一日病死宫中，终年38岁，葬于崇陵。

清崇陵远景（1995年4月）

崇陵位于河北省易县清西陵金龙峪。建于

1909—1915年，其隆恩殿木结构均为异常珍贵的木料做成，质地坚硬，有“铜梁铁柱”之称；殿内彩绘如初，石雕玲珑剔透；琉璃门内有18棵云杉，是西陵古松珍品。

清崇陵(1998 年 5 月)

崇陵于1938年秋被盗，把载湉尸体拖出棺外，多数随葬品被劫走。1980年夏季，进行发掘清理，仍出土珠宝玉器数百件。传说载湉是被械杀或毒杀而死，经清理发现，载湉尸身虽已无肌肉，骨骼各关节连接完好。发辫分三股编成，长约1尺，扎红头绳。1.64米的身躯，无斧剁刀砍之伤迹。取其颈椎及头发化验，也没有发现中毒致死的证据。实物证明，载湉之死并非刀斧利器所伤或中毒所致。

隆裕皇后棺椁

崇陵地宫是拱券式石结构建筑，进深64.5米，面积439.95平方米。有石门四道，八扇石门上，雕刻着八尊栩栩如生的菩萨像，宝床上安放着光绪帝和皇后的两个棺椁。崇陵的地宫，空间阔、工料精、造艺高，是相当可观的。发掘后，已进行了整修，供游人参观。

清崇陵隆恩殿(1998 年 5 月)

［清］逊帝溥仪墓

溥仪

清逊帝溥仪（1906—1967），字浩然。清入关后第十代皇帝。道光帝曾孙，醇亲王奕䜣孙，摄政王载沣子。光绪无子，死后慈禧命他继位。年号宣统，习称宣统皇帝。

宣统即位时，年仅3岁，由隆裕太后（光绪皇后）和载沣摄政。1911年爆发辛亥革命。翌年宣统退位，在位3年，清朝亡。延续两千多年的封建帝制也随之结束。入关前传两代，入关后传10代，共268年。

1931年底，溥仪潜往东北，为伪满洲国傀儡政权"执政"。1934年3月改称"满洲国皇帝"。抗日战争胜利后，于1945年8月17日在逃往日本途中被苏联红军俘获。1950年8月被押解回国，进抚顺战犯管理所学习、改造。

溥仪墓(1996 年 8 月)

1959年12月4日特赦释放，成为自食其力的公民。先后在北京植物院、全国政协文史资料研究委员会工作。1964年任全国政协委员。1967年10月17日，因患尿毒

伪皇宫(1997 年 8 月)

症在北京病逝，终年62岁。著有《我的前半生》。

溥仪墓位于河北省易县西陵镇。溥仪死后火化，骨灰安放于北京市八宝山革命公墓。后迁葬于易县。

溥仪于宣统二年(1910)，在易县西陵镇旺隆村北的狐仙楼选择了“万年吉地”，此地四面环山，中间为一块方圆1.5公里的盆地，金井穴位选在盆地西北角的半山坡上，与光绪崇陵遥遥相对。同年，破土兴建。由于辛亥革命爆发，工程停止。1994年，此地兴建了华龙皇家陵园 (公墓)，为了提高该园的知名度，园领导征得溥仪遗孀李淑贤的同意，于1995年1月25日，将溥仪骨灰盒由八宝山革命公墓迁葬于华龙皇家陵园。

溥仪墓靠近他原来选择的万年吉地，占地95平方米，墓前建有望柱一对，长方形墓碑上写“爱新觉罗·溥仪”六字。碑后为水泥筑圆形宝顶，高1.2米，直径2米。陪葬墓有溥仪的夫人谭玉龄、李淑贤。两人的墓已经修好，由于某种原因，她们的骨灰至今没有入葬。

华龙陵园牌坊(2002 年 10 月)